I0751866

LE PETIT ATLAS MARITIME

RECUEIL DE CARTES ET DE PLANS DES QUATRE PARTIES DU MONDE.

TOME III.

Contenant

I.° L'ASIE.

II.° L'AFRIQUE.

avec les Détails interessans de ces Deux Parties.

M.DCC.LXIV.

Arrivet inv. — Scul.

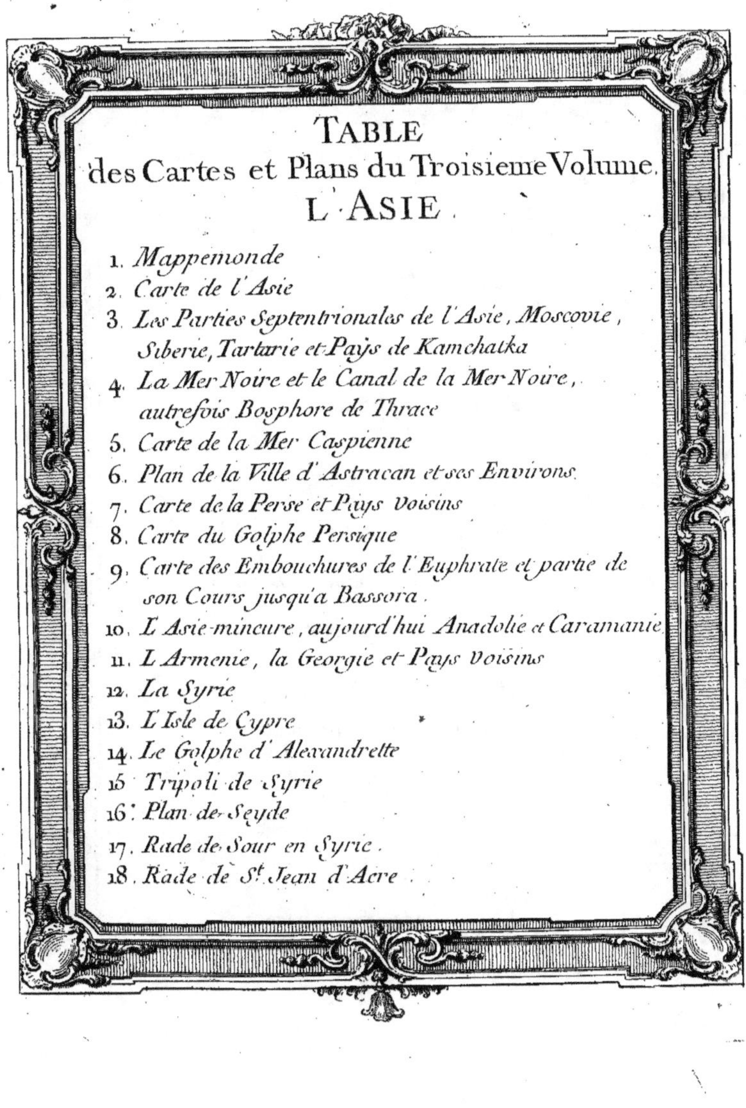

TABLE
des Cartes et Plans du Troisieme Volume.
L'ASIE.

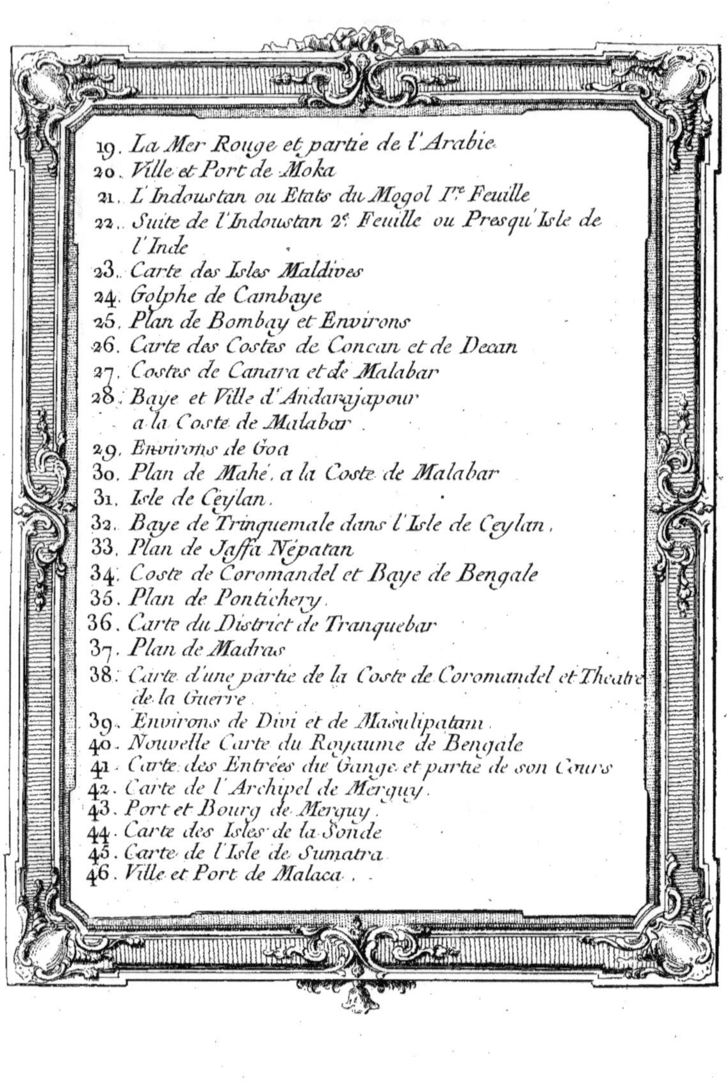

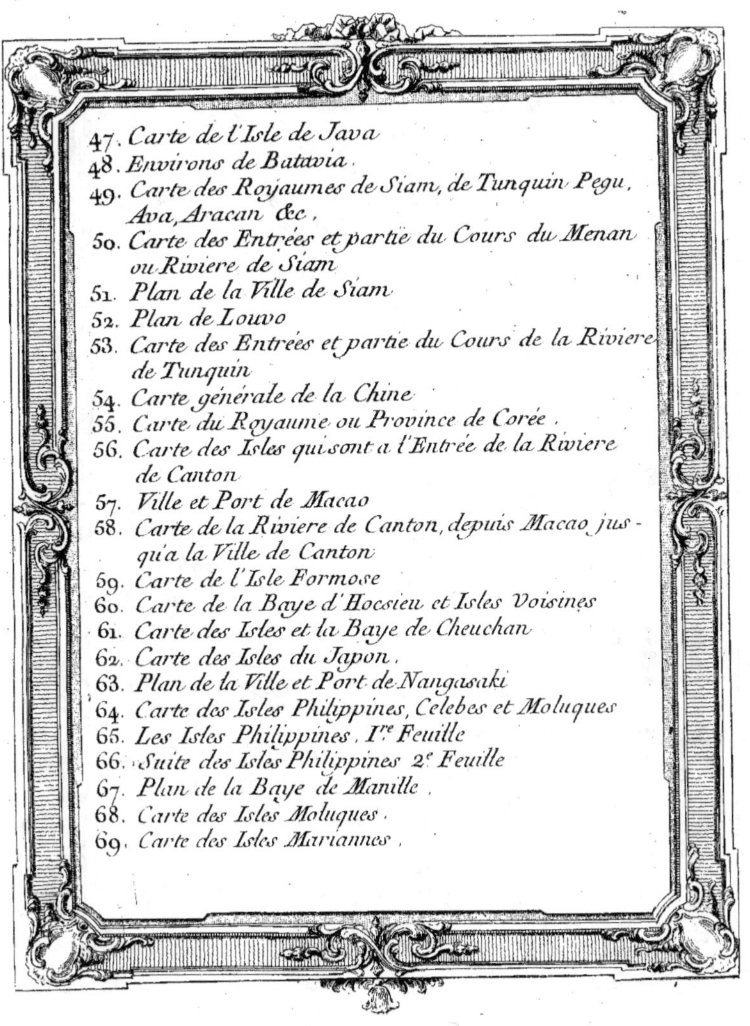

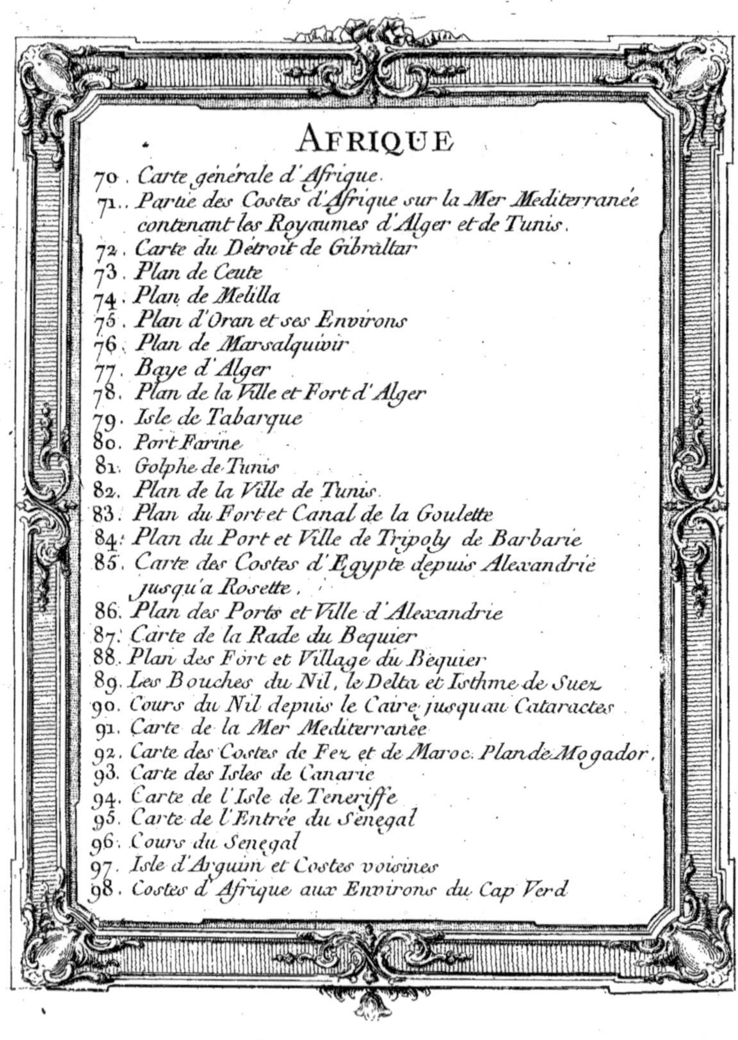

AFRIQUE

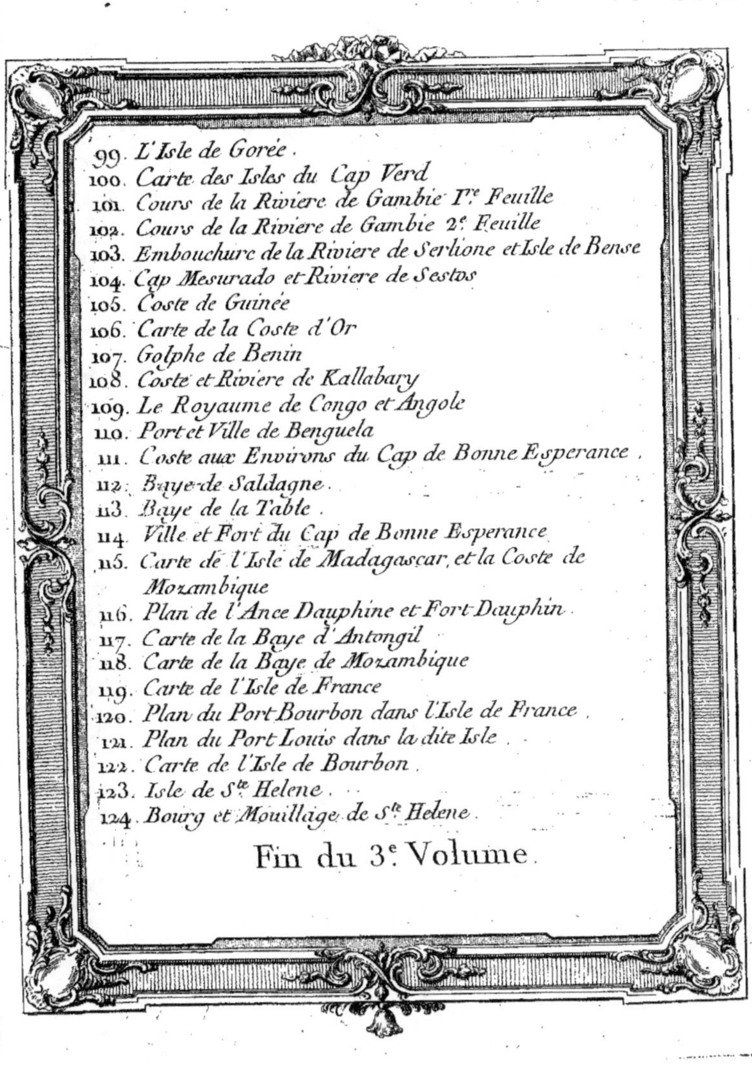

Fin du 3.e Volume.

Tome I. N° 1.

Carte Reduite du Globe Terrestre
Longitude du Meridien de l'Isle de Fer
Baye de Baffins
Mer Glaciale
Spitberg
Cercle Polaire Arctique
Ocean
Islande
Septentrional
Amerique
Septentrionale
Ocean
Occidental
Tropique du Cancer
Mer
Equateur
Du
Sud
Amerique
Tropique du Capricorne
Meridional
Cercle Polaire Antarctique
Longitude Occidentale du Meridien de Paris
Siberie
Asie
Tartarie
Isles du Japon
Barbarie
Afrique
Arabie
Perse
Indes
Mogol
Equinoxiale
Nouv. Hollande
I. Madagascar
Ocean Oriental
Longitude Orientale du Meridien de Paris

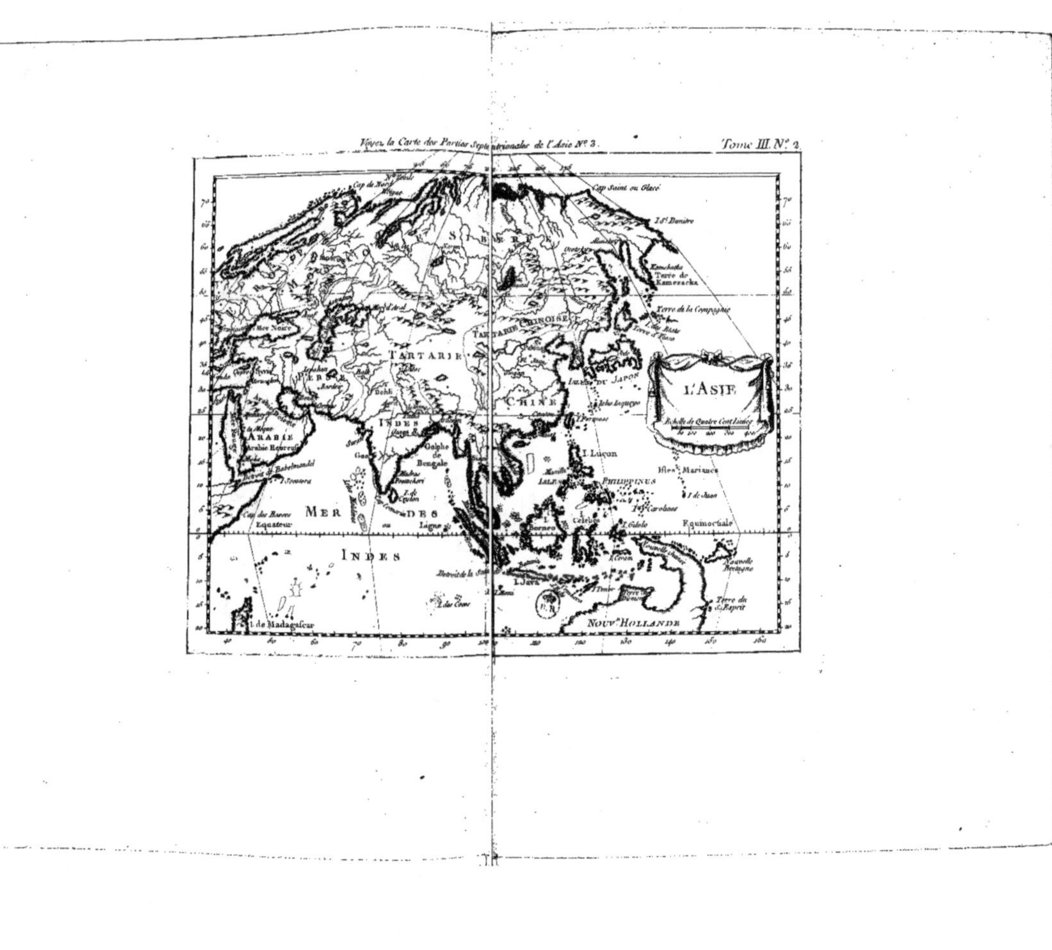
Voyez la Carte des Parties Septentrionales de l'Asie No. 3.
Tome III. No. 2
L'ASIE
Echelle de Quatre Cent Lieües
Cap de Nord
Cap Saint ou Glacé
Kamczatka
Terre de Kamezacka
Terre de la Compagnie
Mer Noire
Mer d'Aral
TARTARIE
TARTARIE CHINOISE
PERSE
Ispahan
Balk
Dehli
INDES
Golphe de Bengale
Surate
Goa
Madras
Pontichéri
I. de Ceylan
CHINE
Canton
I. Formose
ISLES DU JAPON
I. Luçon
Manille
PHILIPPINES
Isles Mariannes
I. de Juan
Isles Carolines
Isles Celebes
I. Gilolo
I. Borneo
I. Ceram
Equinoctiale
ARABIE
Arabie Heureuse
la Mecque
Détroit de Babelmandel
I. Socotora
Cap des Basses
Equateur
MER DES INDES
Ligne
Détroit de la Sonde
I. Java
I. Timor
Nouvelle Bretagne
Terre du S. Esprit
NOUVLLE HOLLANDE
I. de Madagascar

Tome III Nº. 3
CARTE RÉDUITE
DE LA MOSCOVIE
SIBERIE TARTARIE
et Pais Voisins.
MER GLACIALE
C. Nord
ARCHANGEL
Tobolsk
Narym
Jeniseisk
Anadirk
C. St. Thadée
Mer de Kamtschatka
Calmuks Eluts
Bukarie
Pays de Tibet
MER NOIRE
JAPON
Tropique du Cancer

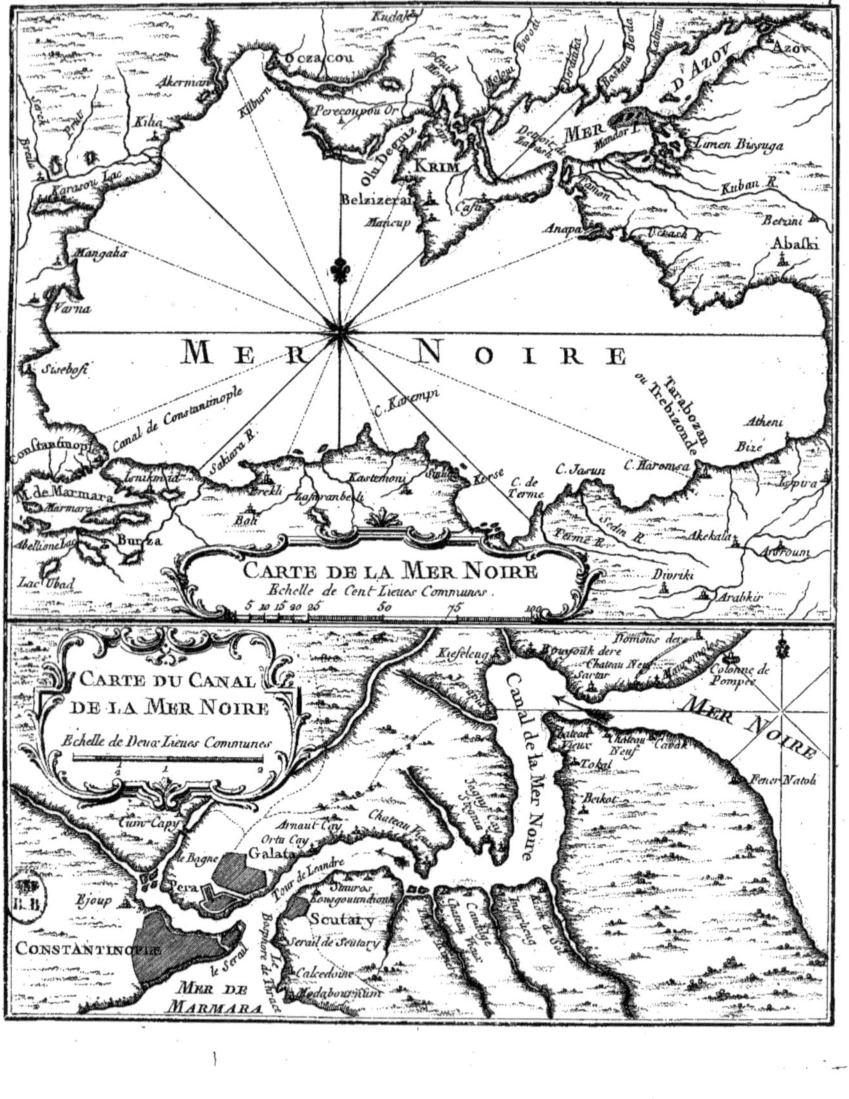

CARTE DE LA MER NOIRE

Echelle de Cent Lieues Communes.

5 10 15 20 25 50 75 100

CARTE DU CANAL DE LA MER NOIRE

Echelle de Deux Lieues Communes

½ 1 2

CARTE DE LA
MER CASPIENNE
et ses Environs.
Echelle de 60. Lieues communes.
5 10 20 30 40 50 60
MER CASPIENNE
Golphe d'Iemba
Mer d'Aral ou Lac de Kharasm
Astracan
Terki
Derbent
Baku
Gordish
Desert de Karakum
Longitude Orientale du Meridien de Paris
50
55
48
47
46
45
44
43
42
41
40
39
38
37
36

A. *Forteresse*
B. *Vataha*
C. *Eglise Lutherienne*
D. *Cloitre de Pocroff de N.e D.e*
E. *Moulin de Pierre*
F. *Demeures des Tartares*
G. *Montagnes d'ou on tire du Sel.*

H. *La Ville Blanche*
J. *Le Dome*
K. *Maison du Gouverneur*
L. *L'Arcenal*
M. *La Chancelerie*
N. *L'Eglise S.t Jean.*
O. *L'Eglise de la Resurrection.*

P. *Le Magasin des Vivres.*
Q. *L'Eglise S.t Nicolas.*
R. *Cloitre de Salvateur.*
S. *Chantier pour les Vaisseaux.*
T. *Magasin pour les Vaisseaux.*
V. *Les Ecuries.*
X. *Le Cloitre de Dolbinoff.*

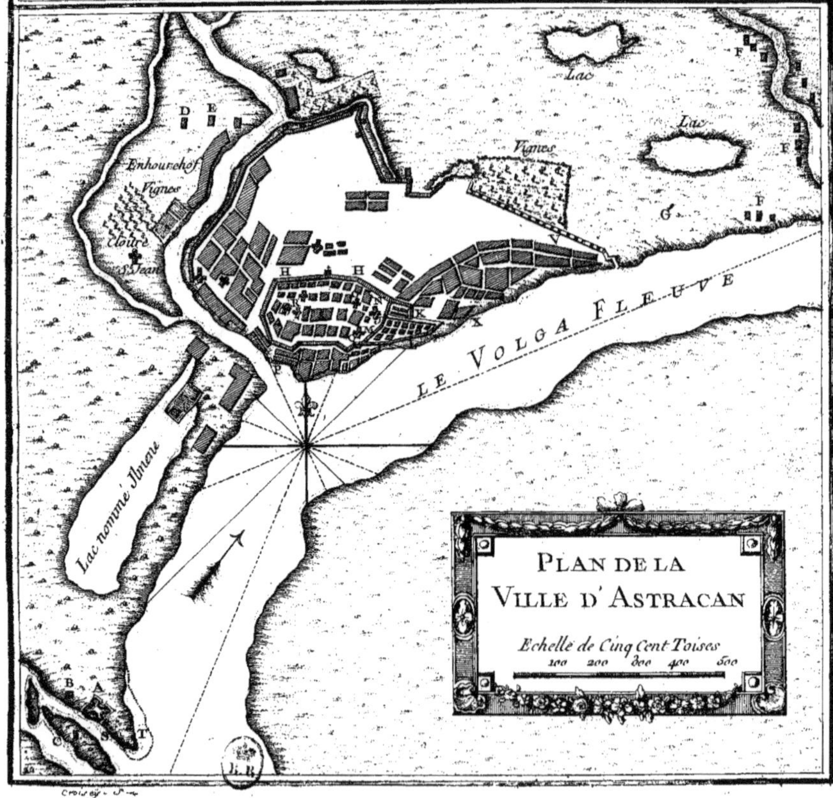

Croisey S.

LA PERSE
Echelle de Cinquante Lieues Comunes
Nota
On a supprimé les Noms de plusieurs Villages et Lieux peu considérables pour éviter la confusion.
MER CASPIENNE
Grand Desert Salé
PERSE
KHORASAN
KERMAN
MEKRAN
SINDI
IRAK
GOLPHE DE PERSE
Isles de Bahrain
Sultanie
Bagdad
Ispahan
Kashan
Ghilpaigan
Ferabad
Herat
Balk
Kandahar
Kabul
Bamian
El Kadhemah
El Katif
Mascalat
Oman
Indus
Longitude Orientale du Meridien de Paris
Latitude Septentrionale
Debil ou Dul Sindi
Cap de Guadel

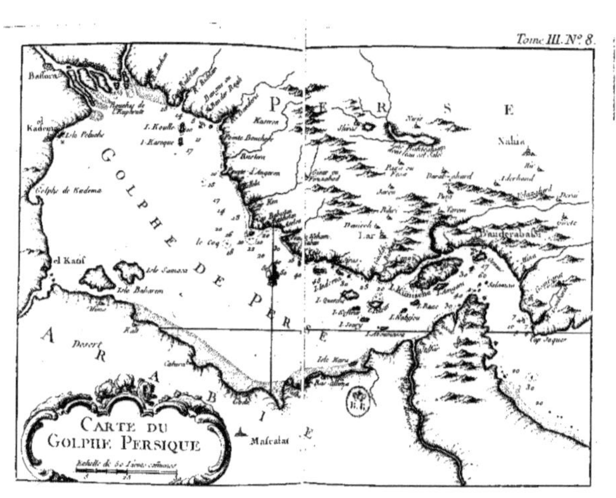
Tome III. N°. 8.
CARTE DU GOLPHE PERSIQUE
GOLPHE DE PERSE
PERSE
ARABIE
Bassora
el Kadema
Isle Peluche
Golphe de Kadema
el Katif
Isle Samaza
Isle Baharem
Desert
Cahura
Mascalat
I. Koulle
I. Karaque
Kasron
Pointe Bouchyre
le Coq
Shiras
Nahia
Lar
Banderabassi
I. Kismische
I. Angam
I. Indéron
I. Quéché
I. Nabjiou
I. Jouy
I. Rase
Isle Mara
Cap Jaquez

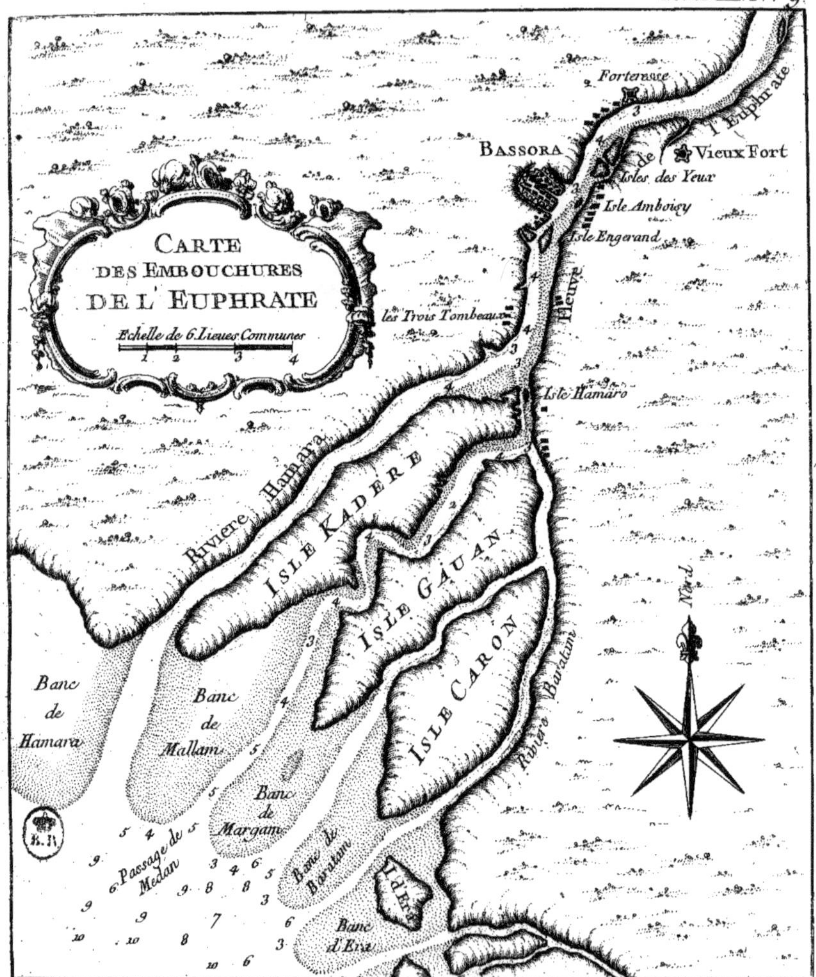
CARTE
DES EMBOUCHURES
DE L'EUPHRATE
Echelle de 6. Lieues Communes
1 2 3 4
Forteresse
BASSORA
Fleuve de l'Euphrate
Vieux Fort
Isles des Yeux
Isle Amboisy
Isle Engerand
les Trois Tombeaux
Isle Hamaro
Riviere Hamara
ISLE KADERE
ISLE GAUAN
ISLE CARON
Riviere Baratam
Nord
Banc de Hamara
Banc de Mallam
Banc de Margam
Banc de Baratam
Banc d'Era
I. d'Era
Passage de Medan

LA MER NOIRE
MER DE MARMARA
Constantinople
Andrinople
Burse
Kutahie
Angora
Kastemoni
Amasie
Sivas
Smirne
Karahissar
Degnizli
Antalia
Macari
Kirsheher
KARAMANIE
Alexandrette
Isle de Rhodes
MER MEDITERRANÉE
ISLE DE CYPRE
Echelle de Quarante Lieues Communes
5 10 15 20 25 30 35 40
24 25 26 27 28 29 30 31 32 33 34 35
41 40 39 38 37 36
CARTE DE L'ASIE MINEURE
aujourd'huy
Caramanie Anadolie et Roum.

Tome III. N° 11.

Carte de l'Armenie
Georgie
et Pays Voisins
Echelle de Trente Lieues Communes.
Mer Noire
Cap Jasun
Cap Horomsa
Trebisonde
Imeriti
Akaziké
Erivan
Kars
Arz-roum
Arabkir
Sivas
Malatia
Diarbekir
Merdin
Lac de Van
Van
Bataria
Lac d'Urmia
Urmia
Maraga
Guzamerik
Shamaki
Shirvan
Derbend
Baku
Astara
Mer Caspiene

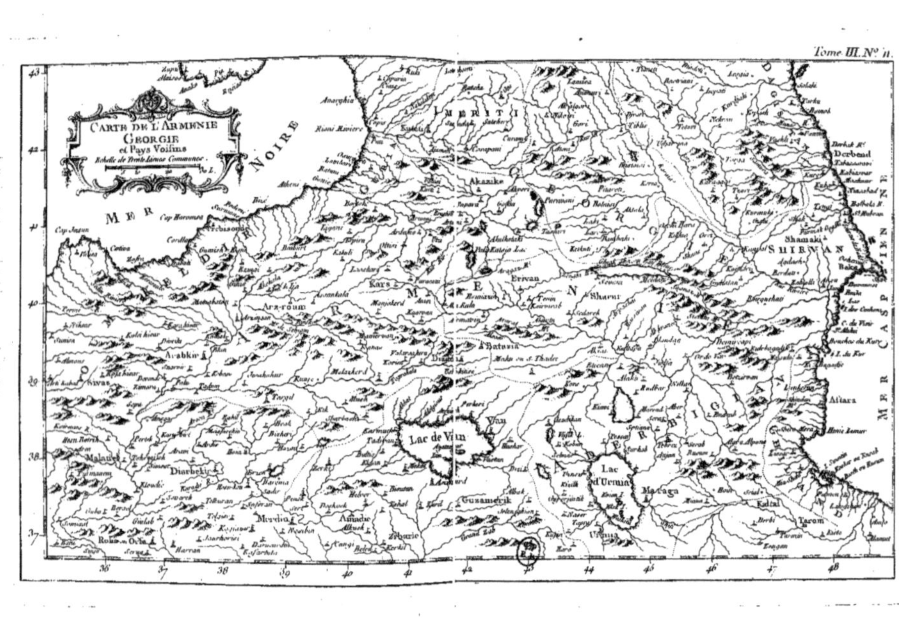

Tome III. N°. 12.

CARTE
DE LA SYRIE.
Echelle de Trente Lieues Communes
CARAMANIE
ISLE DE CYPRE
Mont Liban
Mer Morte
DESERT DE SYRIE
Desert
Latitude Septentrionale
Nord
Longitude Orientale du Meridien de Paris
Golfe d'Alexandrette
Alexandrette
Halep
Tripoly
Berut
Sayde
Acre
Damas
Bosra
Jerusalem
Gaza
Famagouste
Nicosie
Larnica
Tadmor ou Palmyre
Euphrate R.
Hamad
Hems
Balbek
Jafa
Ascalon
Bethleem
Hebron
Amman
Esbon
Latike
Tortosa
Selefke
Adana
Aias
Antakia

Tome III. N° 13.

CARTE DE L'ISLE DE CYPRE.
Echelle de dix Lieues communes
MER
MEDITERRANÉE
Nord
C. St. Andre
I. Clides
I. Denaree
Porto Salonia
Carpaso
St. Theodore
Cantara
I. Salamina
FAMAGOSTA
Capo Greco
C. Pillo
NICOSIA
LARNICA
Capo Choti
C. Pirochitia
CERINA
Cardamas
LIMESOL
Limesol Antiqua
Capo Gavata
Crammum Pr.
Capo Cormachiti
Porto Lasca
Capo Zephiria
BAFFA
Tempio di Venere
Golpho di Griso
Acamas Pr.
ô Capo S. Episanti
I. Paphia

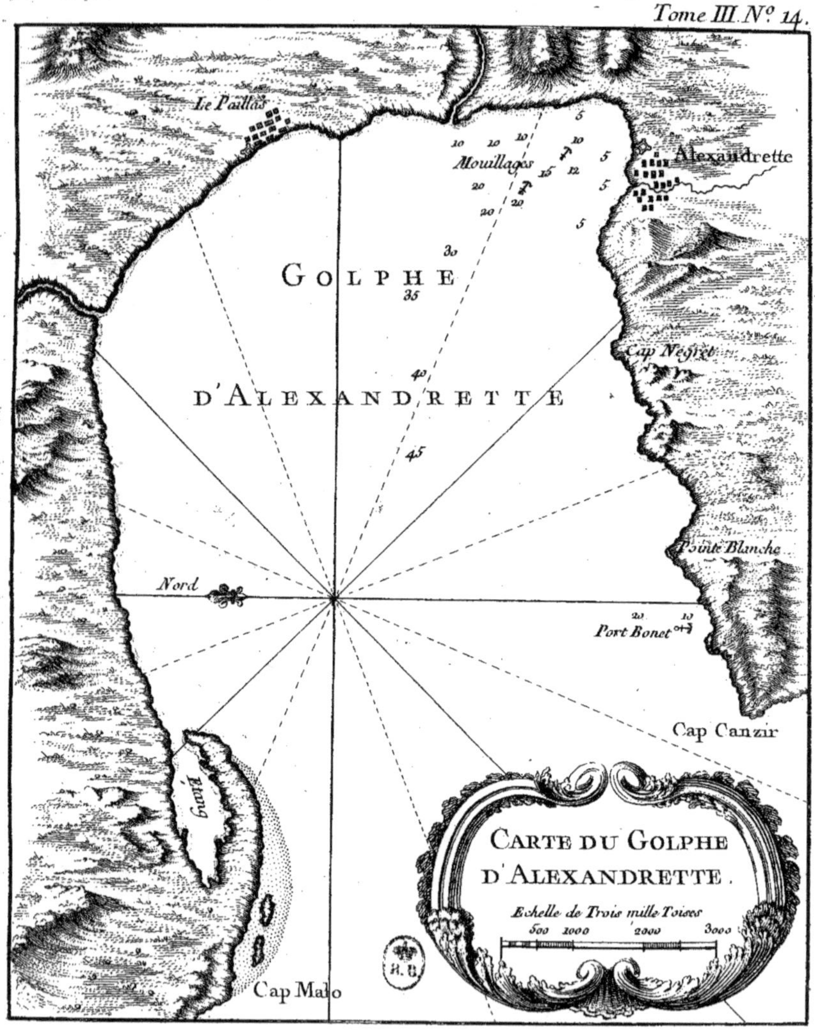

CARTE DU GOLPHE D'ALEXANDRETTE.

Echelle de Trois mille Toises

500 1000 2000 3000

GOLPHE D'ALEXANDRETTE

Le Paillas

Mouillages

Alexandrette

Cap Negret

Pointe Blanche

Port Bonet

Cap Canzir

Nord

Etang

Cap Malo

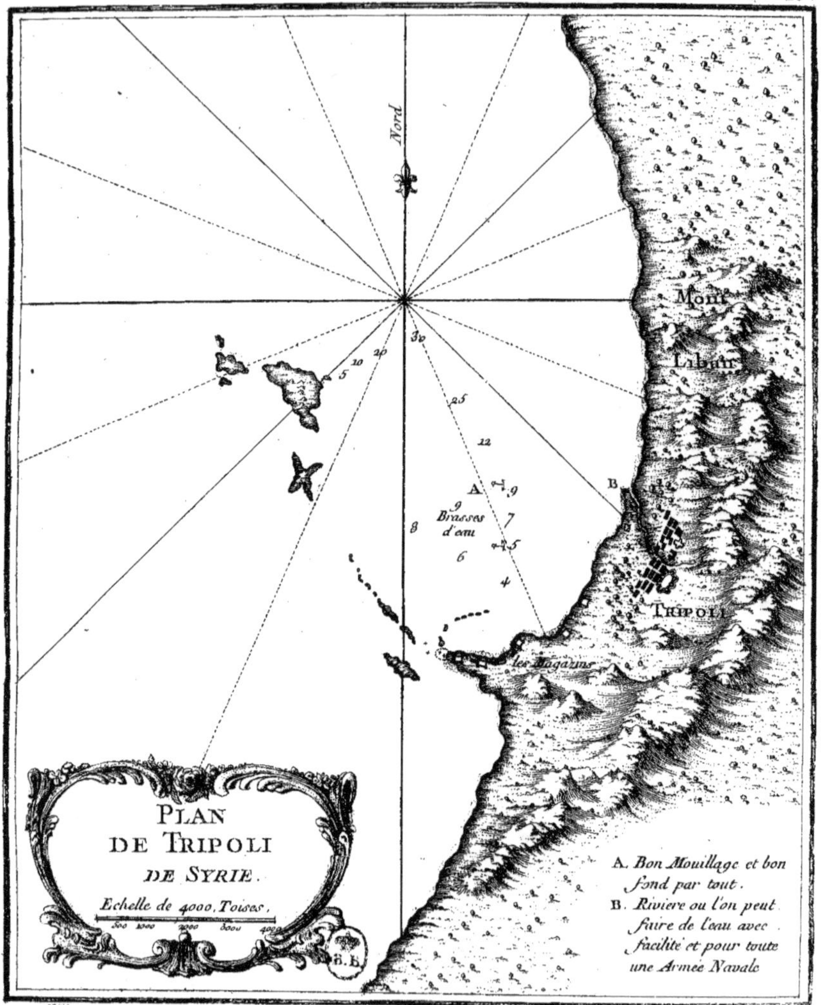
Nord
Mont
Liban
TRIPOLI
les Magazins
A
B
9
Brasses
d'eau
PLAN
DE TRIPOLI
DE SYRIE.
Echelle de 4000. Toises.
A. Bon Mouillage et bon
fond par tout.
B. Riviere ou l'on peut
faire de l'eau avec
facilité et pour toute
une Armée Navale

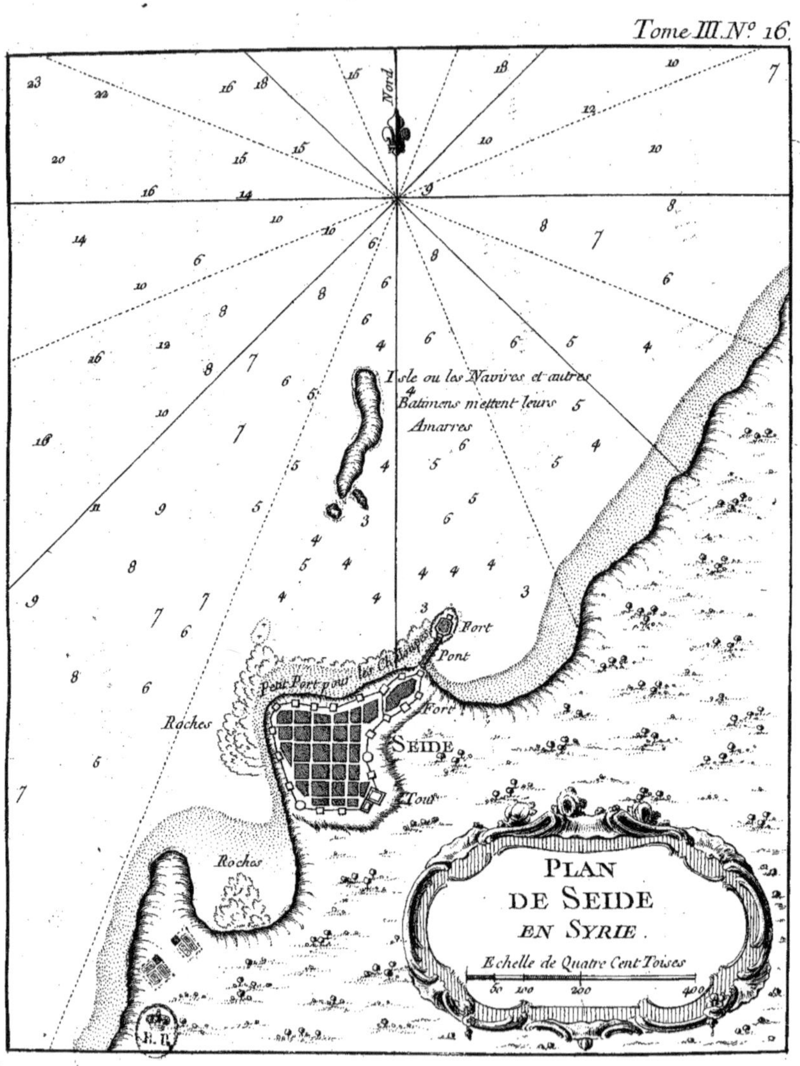
Nord
Isle ou les Navires et autres Batimens mettent leurs Amarres
Fort
Pont
Petit Port pour les Chaloupes
Fort
SEIDE
Tour
Roches
Roches
PLAN
DE SEIDE
EN SYRIE.
Echelle de Quatre Cent Toises
50 100 200 400

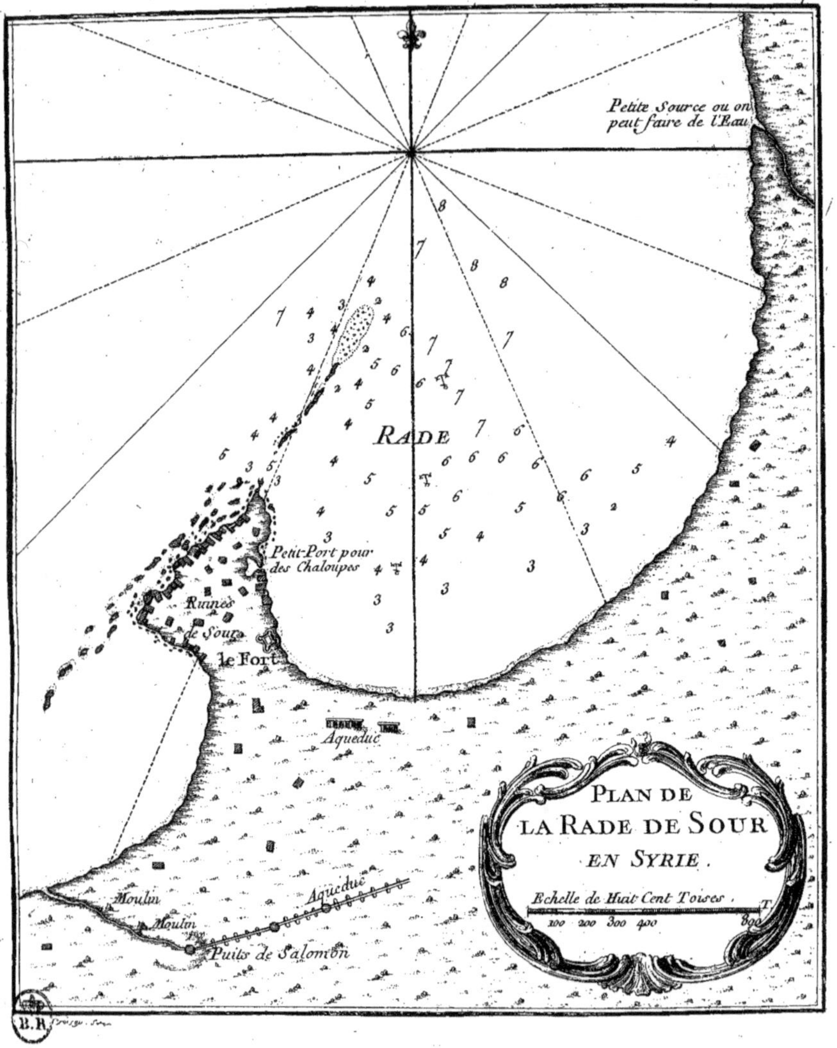

PLAN DE LA RADE DE SOUR EN SYRIE.

Echelle de Huit Cent Toises.
100 200 300 400 800 T

Petite Source ou on peut faire de l'Eau
Rade
Petit Port pour des Chaloupes
Ruines de Sour
le Fort
Aqueduc
Moulin
Moulin
Aqueduc
Puits de Salomon

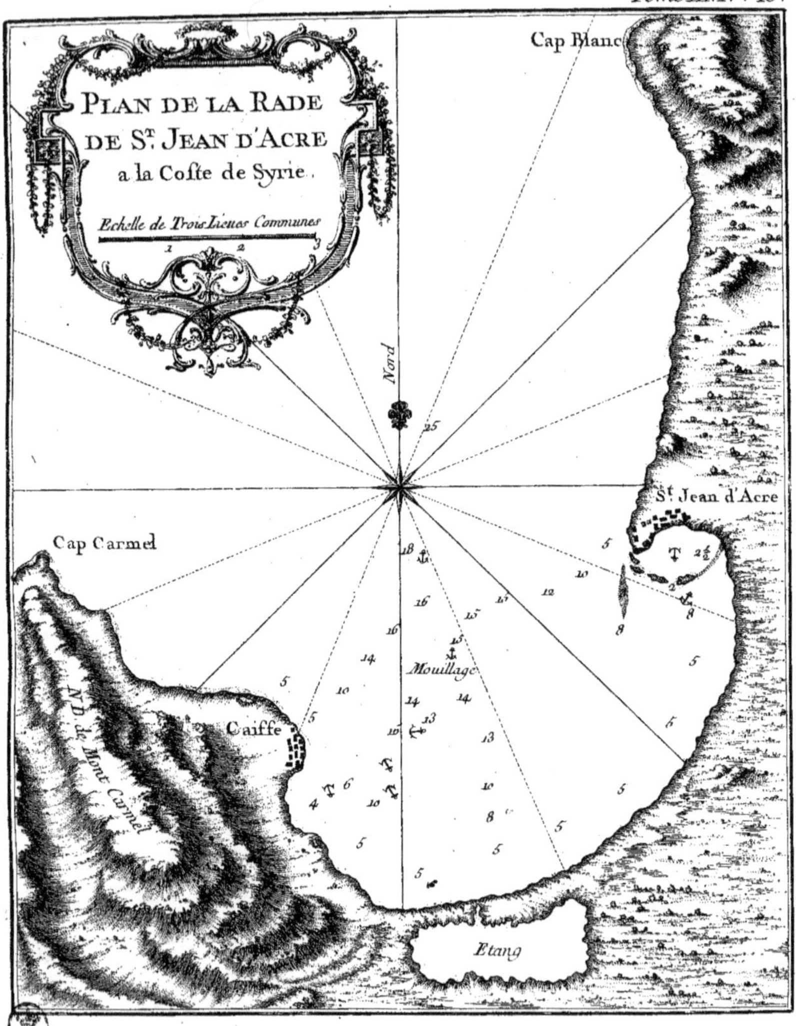
PLAN DE LA RADE
DE S.T JEAN D'ACRE
a la Coste de Syrie.
Echelle de Trois Lieues Communes
1 2 3
Nord
Cap Blanc
S.t Jean d'Acre
Cap Carmel
N.D. de Mont Carmel
Caiffe
Mouillage
Etang

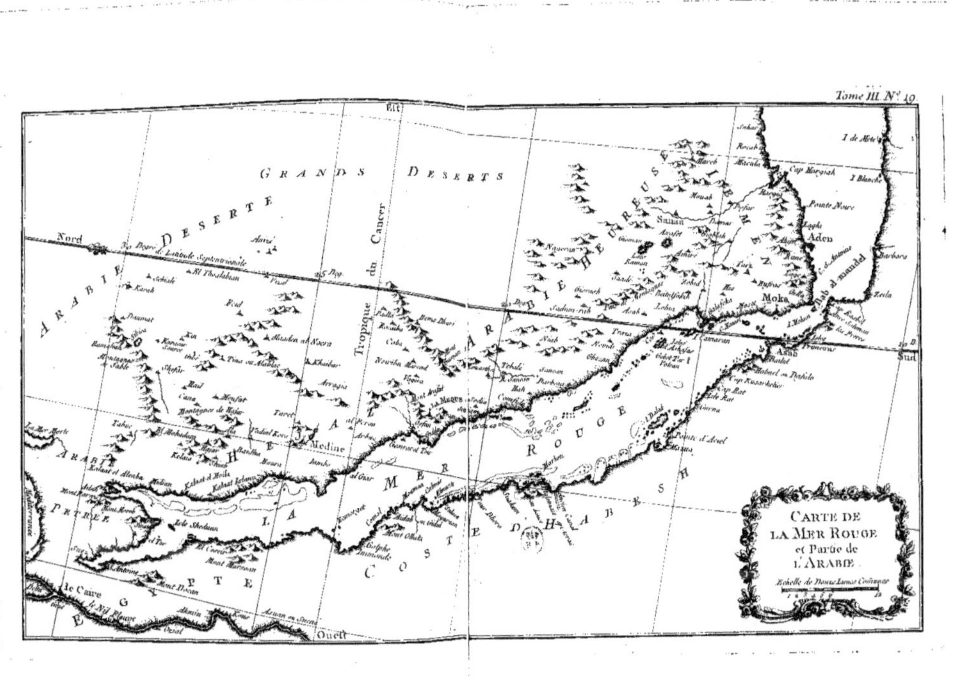
Tome III. N°. 19
CARTE DE
LA MER ROUGE
et Partie de
L'ARABIE.
GRANDS DESERTS
ARABIE DESERTE
ARABIE HEUREUSE
YEMEN
Tropique du Cancer
Nord
Sud
Ouest
Est
LA MER ROUGE
COSTE D'HABESH
EGYPTE
ARABIE PETREE
Medine
La Mecque
Moka
Aden
Sanaa
le Caire
le Nil Fleuve
Mer Mediterranée

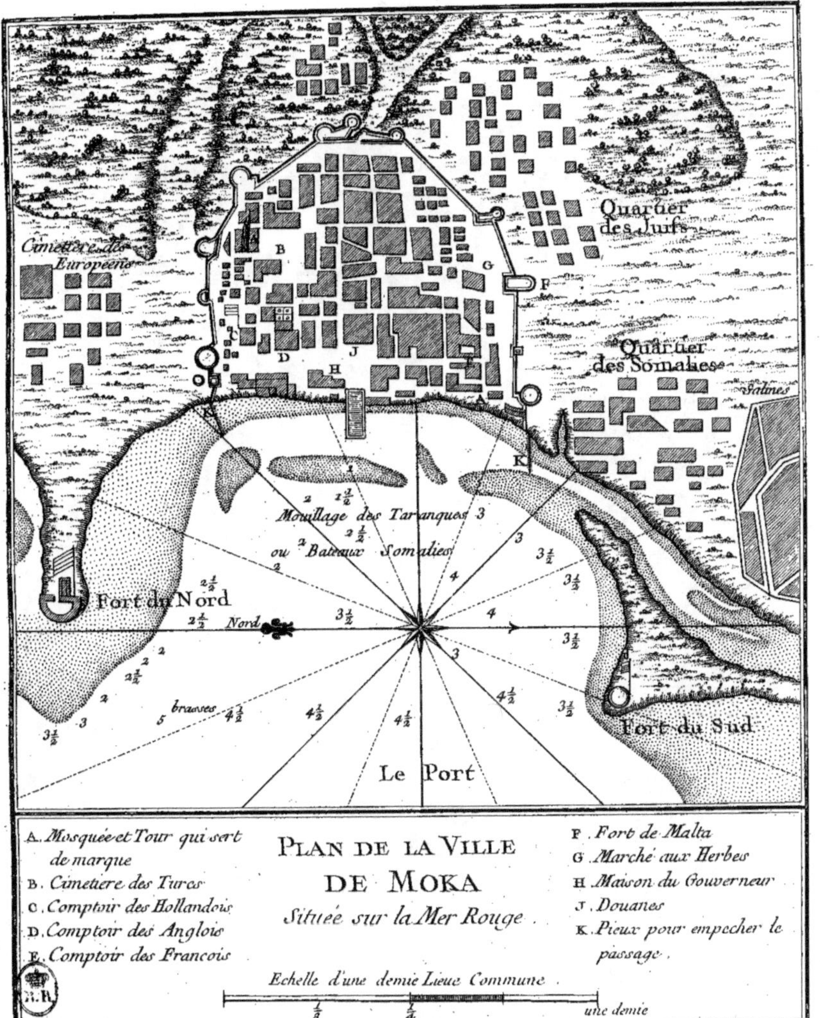
Cimetiere des Européens
Quartier des Juifs
Quartier des Somalies
Salines
Mouillage des Taranques
ou Bateaux Somalies
Fort du Nord
Nord
brasses
Fort du Sud
Le Port
PLAN DE LA VILLE DE MOKA
Située sur la Mer Rouge.
A. Mosquée et Tour qui sert de marque
B. Cimetiere des Turcs
C. Comptoir des Hollandois
D. Comptoir des Anglois
E. Comptoir des Francois
F. Fort de Malta
G. Marché aux Herbes
H. Maison du Gouverneur
J. Douanes
K. Pieux pour empecher le passage.
Echelle d'une demie Lieue Commune.
une demie

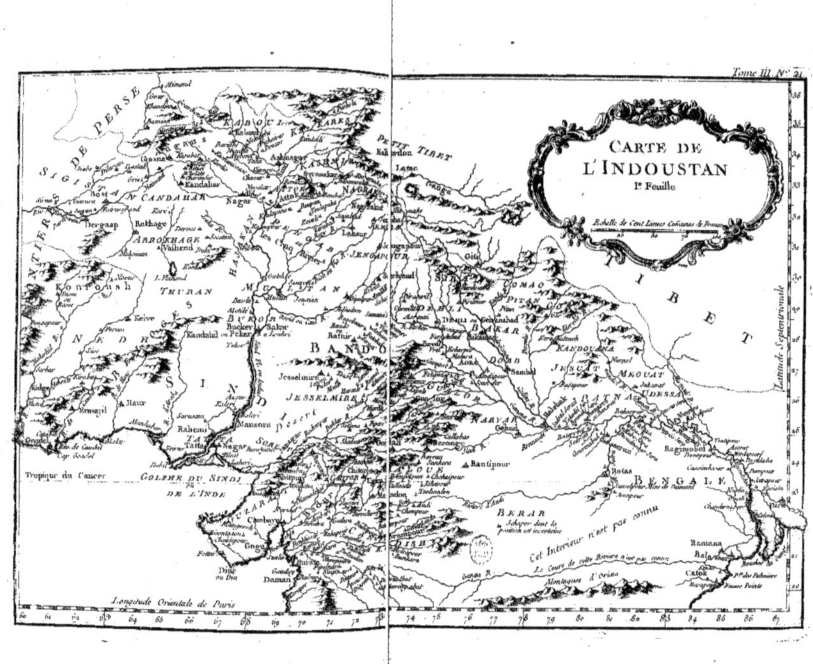
Tome III. N° 21
CARTE DE
L'INDOUSTAN
Ire Feuille
Echelle de Cent Lieues Communes de France
Longitude Orientale de Paris
Tropique du Cancer
GOLPHE DU SINDI
DE L'INDE
Latitude Septentrionale
PETIT TIBET
TIBET
BENGALE
BERAR
Cet Interieur n'est pas connu

Suite de la Carte de
L'INDOUSTAN.
IIe. Feuille, Comprenant
LA PRESQU'ISLE DE L'INDE.
Echelle de Lieues communes.
25 50 75 100
ISLE DE CEYLAN
Longitude Orientale de Paris
Latitude Septentrionale
COSTE DE COROMANDEL
COSTE D'ORIXA
CARNATE
MAISSUR
Dolťabad
Bombay
Goa
Mangalor
Visapour
Sherbider
Narsingapatnam
Masulipatnam
Chicocol
Baie de Trinquemale
Madras
Pondicheri
Cap Comorin
Shiringapatnam
Gandicotta
Anantapuram
Madure
Cap Godvarin
Cap S. Jean
Jafapatan
Batecalo
Colombo
Candi
70 71 72 73 74 75 76 77 78 79 80 81 82

Tome III. N°. 23.

CARTE DES ISLES MALDIVES.
Echelle de 60 Lieues Comunes.
Les Laquedives
Isles Divandorou
Mahcut ou Malique
Oustme
Atollon de Tilla doumatis
Atollon de Milla doue Madou
Malinao
Despenso
Canal
Atollon de Malos Madou
Atollon de Padypolo
Pandeue Puladou
Maconnodou
Pulador
Ariatollon
Bandou
Atollon de Malo
Isle Malé Capitale ou Isle du Roy
Canal
Atollon de Pulodou
Canal
Atollon de Moluque
Atollon de Nillandous
Atollon de Collo Madous
Atollon d'Adoumatis
Canal de Souadou
EQUATEUR
Longitude de l'Isle de Fer
Sonadou
Atollon de Souadou
Addou
Pova Moluque

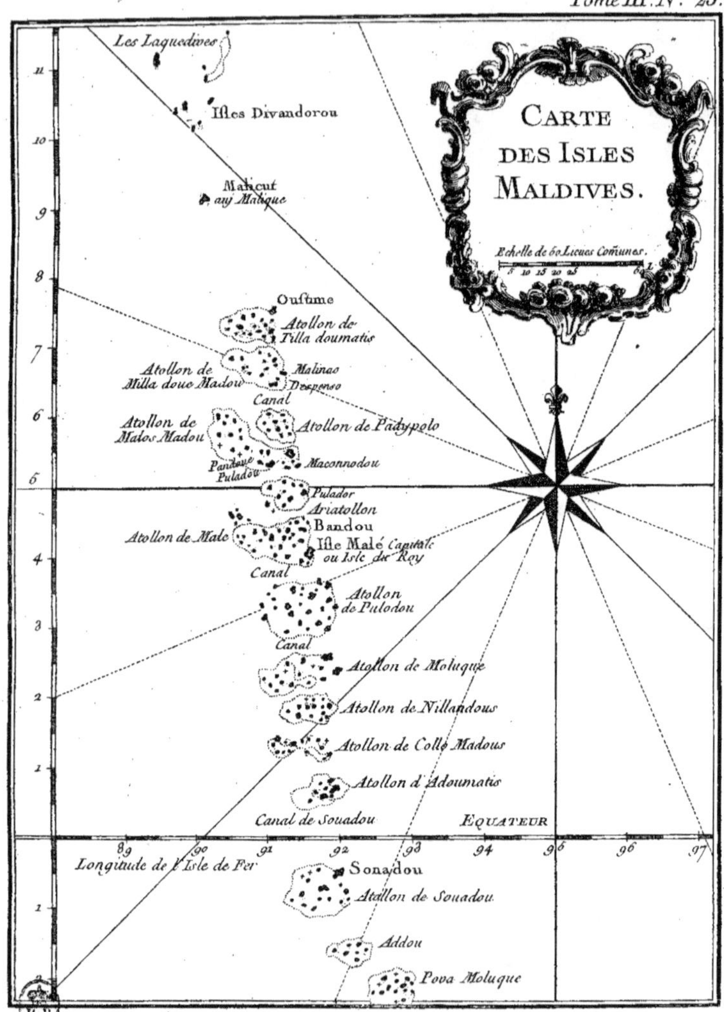

Tome III. N°. 24.

CARTE
DU GOLPHE DE
CAMBAYE.
Echelle de Dix Lieues Communes.
1 2 3 4 5 10
Cambaye
Barokia
R. Navana
R. Banu
R. Chageri
Goga
I. Peram
Riviere de Gana
Gundim
Riv. Chandenpour
Gerva
Pointe de Caur
Riv. Mouteja
Riv. Caul
Danta
Riv. Ameche
R. Choubecaqui
Costelet
I. Chealpatnam
Isles Bamela
GOLPHE
DE
CAMBAYE
Velisser
R. Achoule
R. Caliagale
R. Bagouadandi
R. Couniane
R. Peute
Danga
Suali
Pont Suali
Surate
R. Mavara
R. Gaudiv
R. Balrale
R. Romagsari
R. Colaque
R. Chiran
C. S. Jean
R. Tutapoure

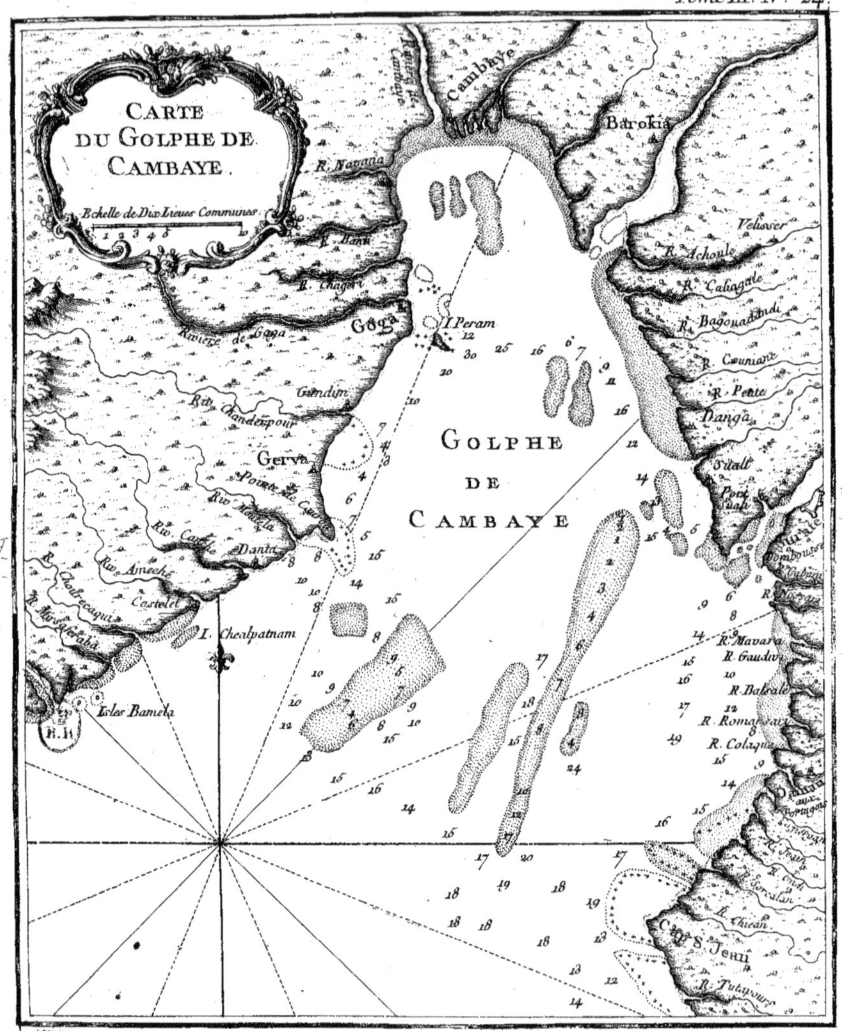

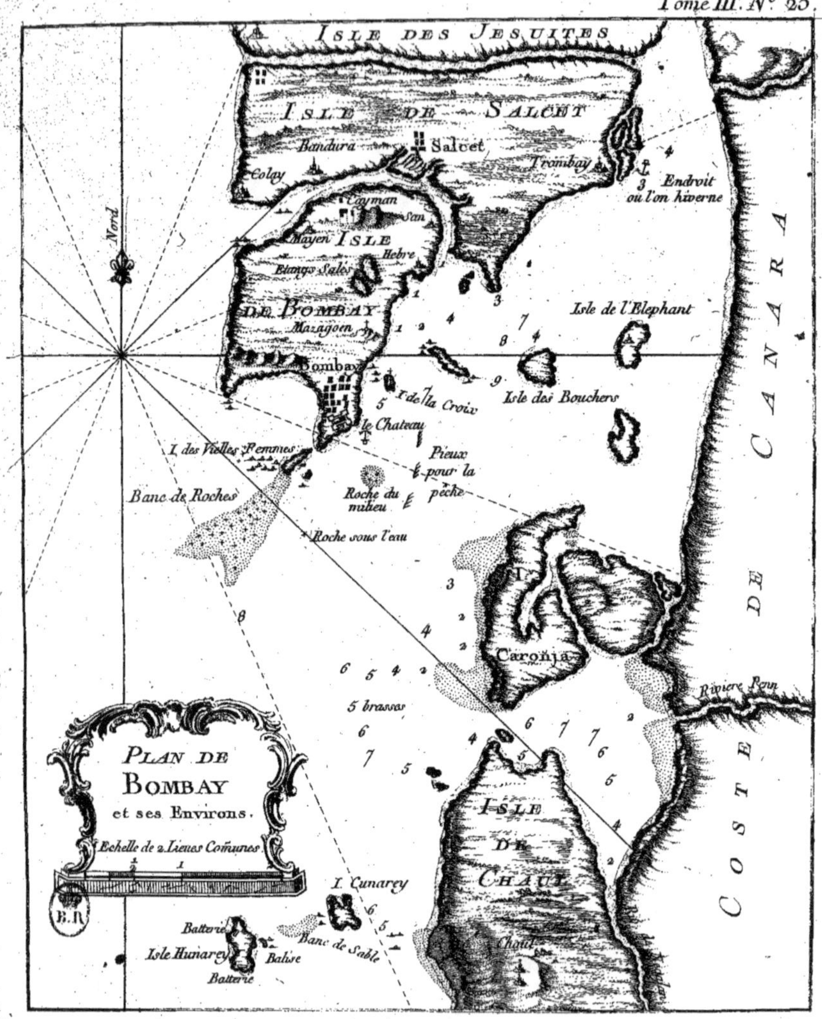
Isle des Jesuites
Isle de Salcet
Bandura
Salcet
Colay
Trombay
Endroit ou l'on hiverne
Nord
Isle de Bombay
Mayen
Hebre
Etangs Salés
Mazagoen
Bombay
Isle de l'Elephant
I. de la Croix
Isle des Bouchers
le Chateau
I. des Vielles Femmes
Pieux pour la pêche
Roche du milieu
Banc de Roches
Roche sous l'eau
Caronja
Coste de Canara
Riviere Penn
5 brasses
Plan de Bombay et ses Environs.
Echelle de 2 Lieues Com̃unes
Isle de Chaul
Chaul
I. Cunarey
Batterie
Isle Hunarey
Balise
Banc de Sable
B.R.

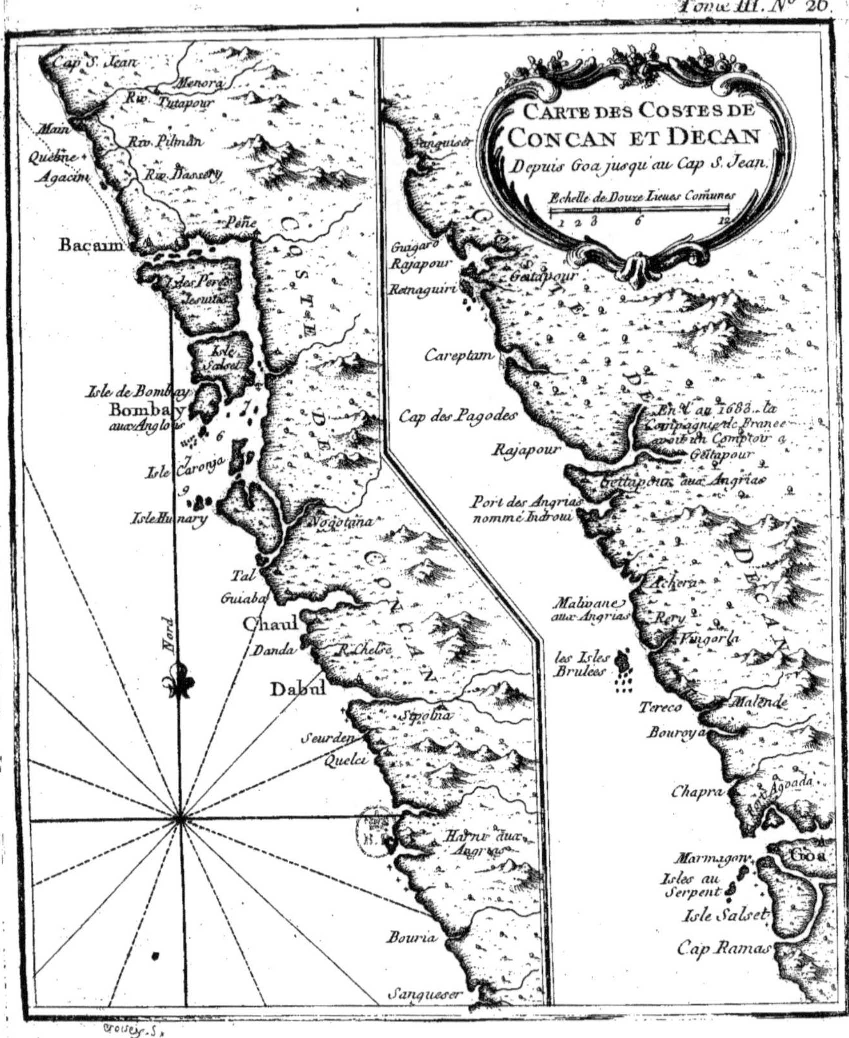
CARTE DES COSTES DE CONCAN ET DECAN
Depuis Goa jusqu'au Cap S. Jean.
Echelle de Douze Lieues Comunes
Cap S. Jean
Bacaim
Isle de Bombay
Bombay aux Anglois
Isle Caronja
Chaul
Dabul
Nord
Cap des Pagodes
Rajapour
Careptam
les Isles Brulées
Goa
Isle Salset
Cap Ramas
Chapra
Bouria
Sanqueser

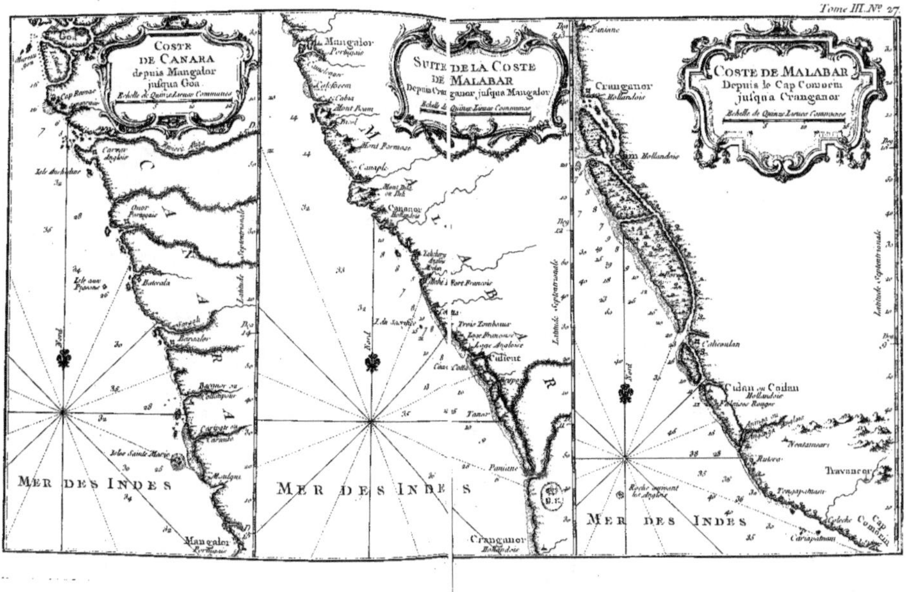

Tome III. No. 27.

COSTE DE CANARA depuis Mangalor jusqu'a Goa

Echelle de Quinze Lieues Communes

SUITE DE LA COSTE DE MALABAR Depuis Cranganor jusqu'a Mangalor

Echelle de Quinze Lieues Communes

COSTE DE MALABAR Depuis le Cap Comorin jusqu'a Cranganor

Echelle de Quinze Lieues Communes

Goa

Cap Ramas

Carwar Anglois

Isle Anchedive

Onor Portugais

Isle aux Pigeons

Batecala

Barcelor

Isles Sainte Marie

Mangalor Portugais

MER DES INDES

Mangalor Portugais

Mont Formose

Canaple

Cananor

Tellichery Anglois

Mahé Fort François

Trois Zombeaux

Loge Françoise

Loge Angloise

Calicut

Tanor

Paniane

Cranganor Hollandois

MER DES INDES

Paniane

Cranganor Hollandois

Cochin Hollandois

Calecoulan

Coilan ou Coilan Hollandois

Anjenga Anglois

Neatamcari

Travancor

Roche nommée les Angloises

Colèche

Cap Comorin

Cariapatnam

MER DES INDES

Latitude Septentrionale

Nord

Tome III. N° 28.

VILLE D'ANDARAJAPOUR
Fort
Bati sur un Rocher
Isle aux Mores qui est fortifiée
Roches
BAYE
D'ANDARAJAPOUR
Magasins
Riviere ou l'on arme et desarme les Navires
Ruisseau ou l'on fait de l'eau très facilement
BAYE VILLE ET FORTS D'ANDARAJAPOUR
à la Coste de Malabar.
a. Maison du Gouverneur
b. Fontaine ou Puits
Echelle d'une Lieue Commune

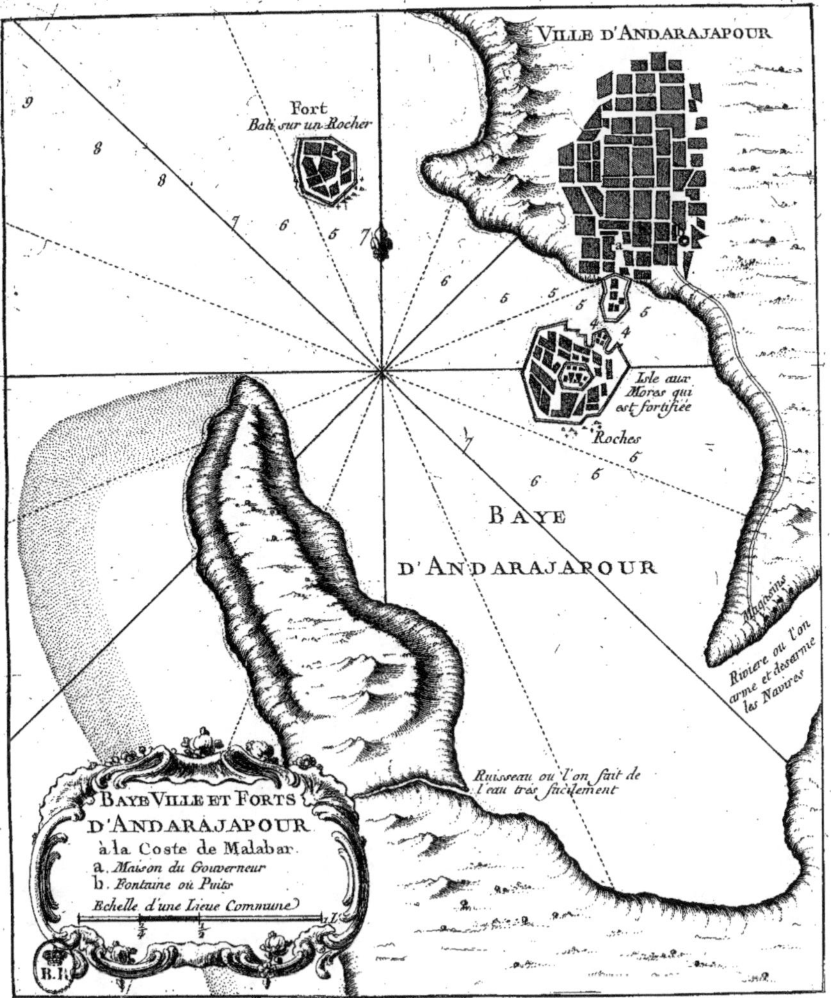

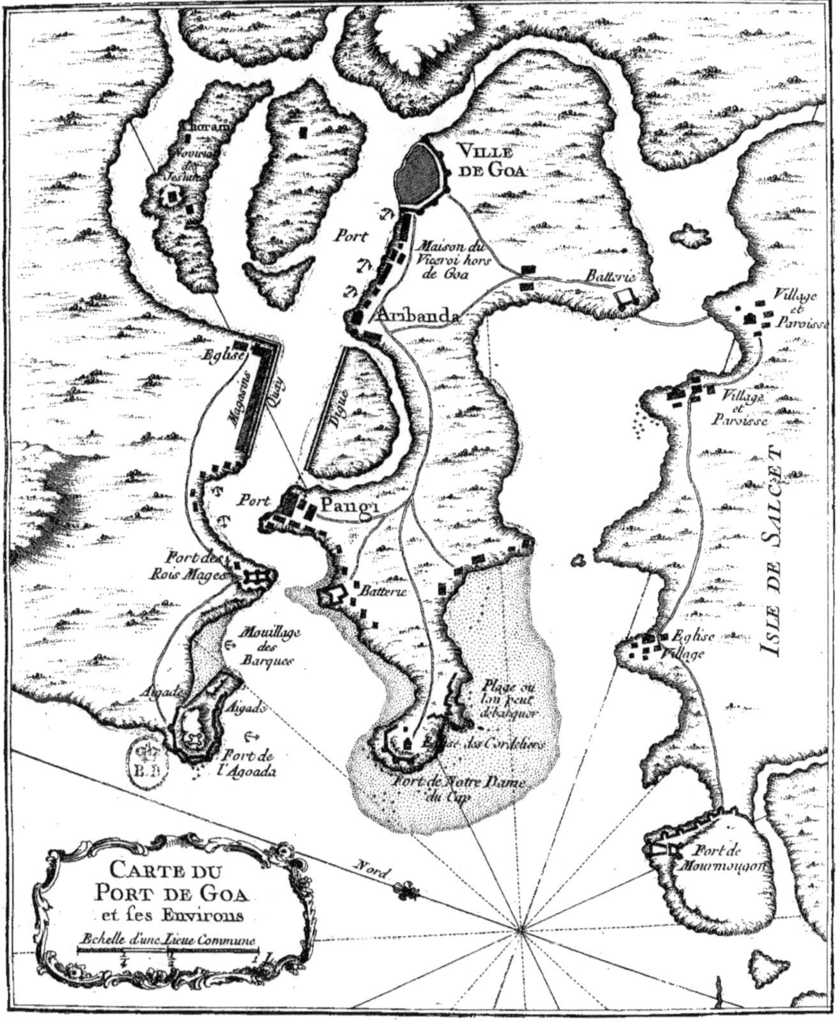

CARTE DU PORT DE GOA et ses Environs

Echelle d'une Lieue Commune

1/4 1/2 1 L.

Tome III. N° 30.

PLAN DE MAYE
à la Coste de Malabar
Echelle de Cent Toises
Avenue
Bassin plein d'Eau
Grande Pagode de
Pointe de Roches
Fort
Puits
Bancasal de la Compagnie
Nord
Entrée de la Riviere
de Cognigniaro
le Port
Pointe de Mayé
Fort de Mayé
Loge et Magazins de la Compagnie
Bassin
Eglise des François
Puits
Redoute

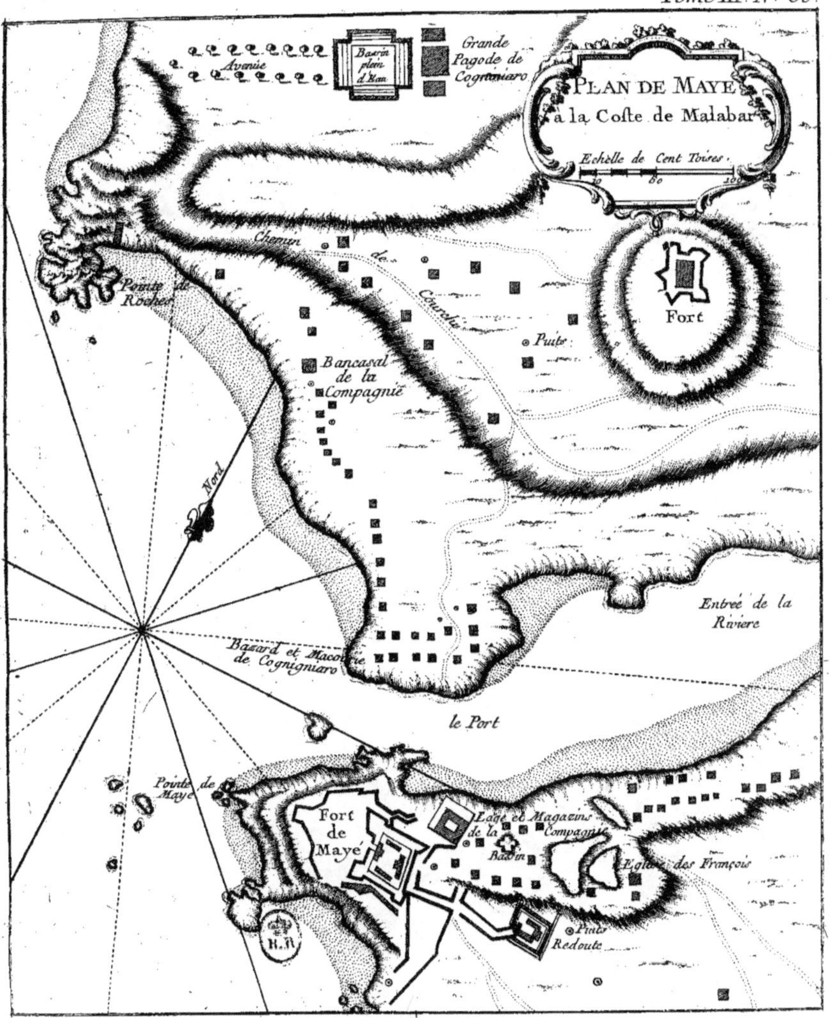

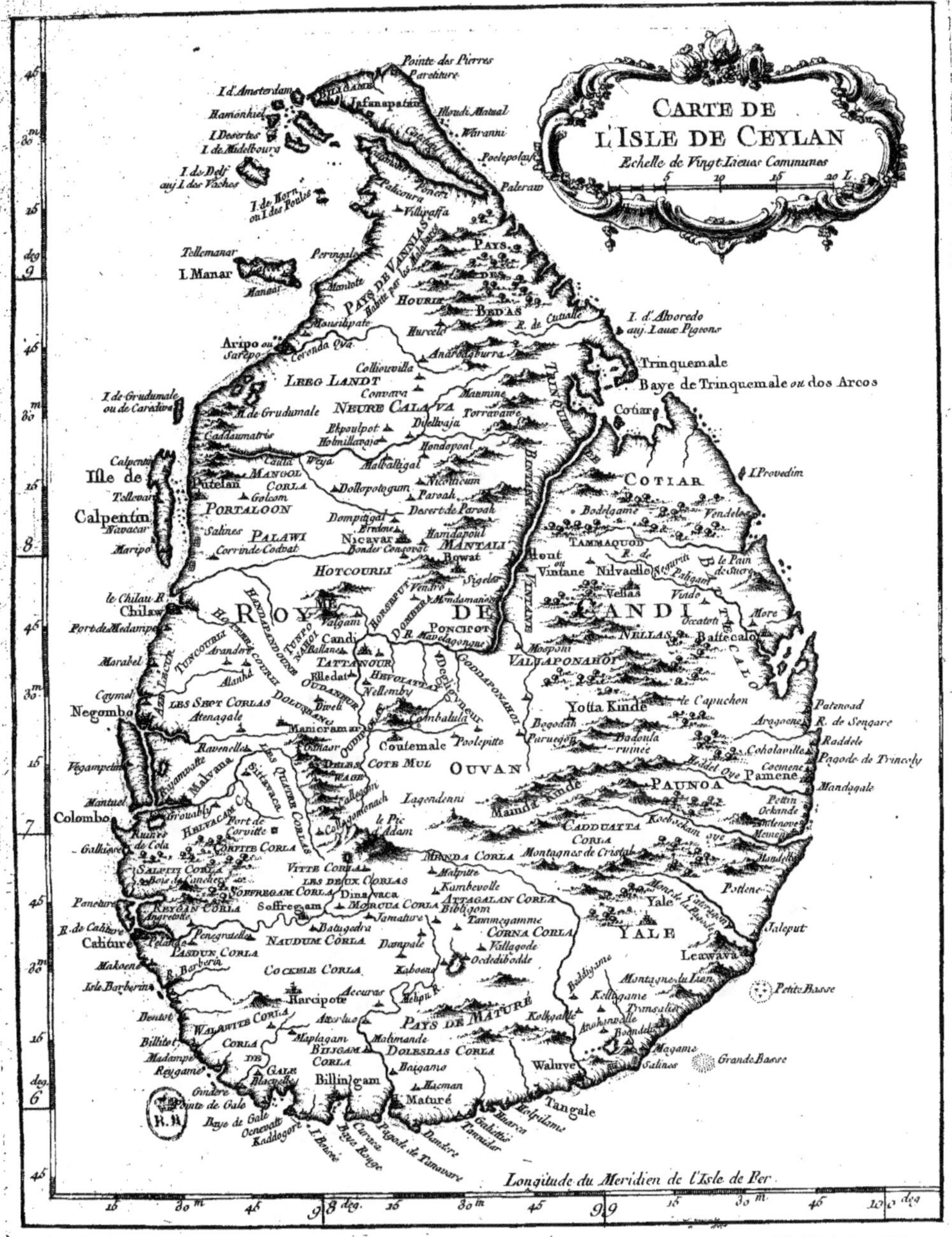
CARTE DE
L'ISLE DE CEYLAN
Echelle de Vingt Lieues Communes
5 10 15 20 L.
Pointe des Pierres
I. d'Amsterdam
Jafanapatan
I. de Delf auj. I. des Vaches
I. de Horn ou I. des Poules
Tellemanar
I. Manar
PAYS DE VANNIAS Habité par les Malabars
PAYS DES BEDAS
I. d'Alvoredo auj. I. aux Pigeons
Trinquemale
Baye de Trinquemale ou dos Arcos
Cotiar
Aripo ou Sarepo
LEEG LANDT
NEURE CALAVA
I. de Grudumale ou de Carédive
Isle de Calpentin
PORTALOON
PALAWI
Nicavar
MANTALI
HOTCOURLI
COTIAR
I. Provedim
TAMMAQUOD
Vintane
Nilvaelle
le Pain de Sucre
ROYme DE CANDI
Chilaw
Candi
Batticalo
Yotta Kinde
le Capuchon
Negombo
LES SEPT CORLAS
Manicramar
Coutemale
COTE MUL
OUVAN
PAUNOA
Colombo
le Pic d'Adam
CADDUATTA CORLA
Montagnes de Cristal
Yale
YALE
Leawava
Caliture
NAUDUM CORLA
COCKELE CORLA
Isle Barberin
Harcipote
PAYS DE MATURÉ
Petite Basse
Grande Basse
Billingam
Maturé
Waluve
Tangale
Pointe de Gale
Baye de Gale
Pagode de Tinnavare
Longitude du Meridien de l'Isle de Fer
8 deg.
9
10 deg.

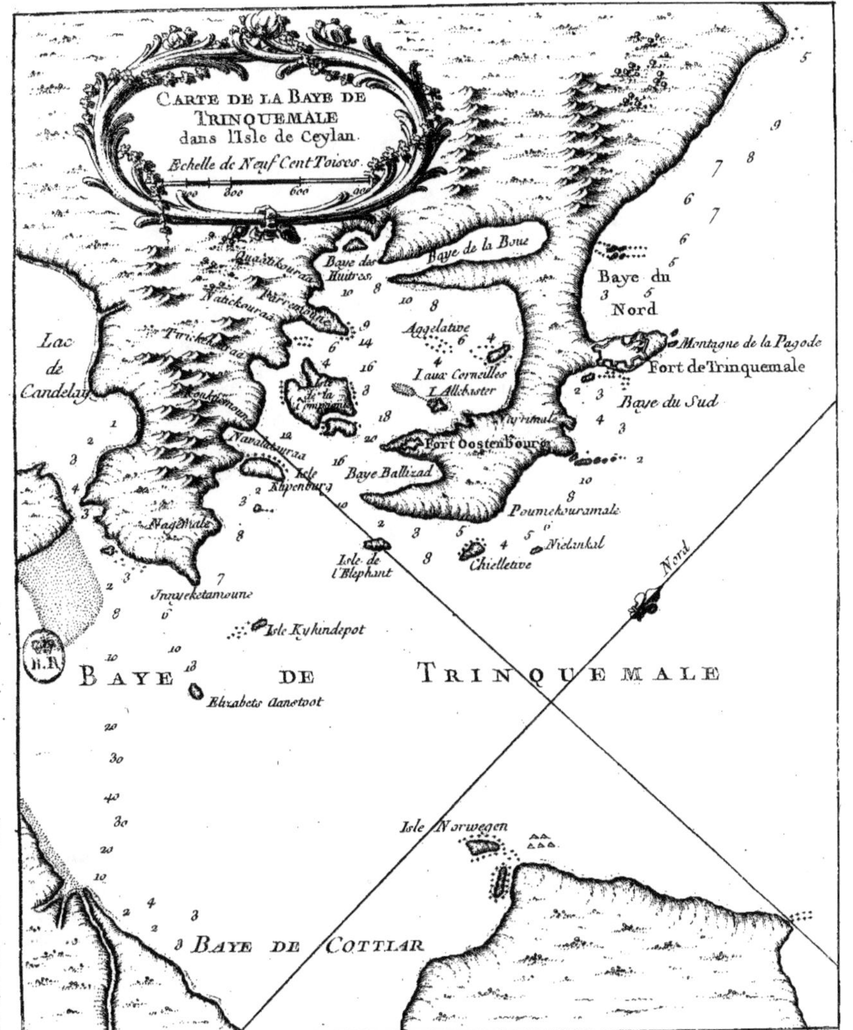
CARTE DE LA BAYE DE
TRINQUEMALE
dans l'Isle de Ceylan.
Echelle de Neuf Cent Toises.
Baye de la Boue
Baye des Huitres
Baye du Nord
Montagne de la Pagode
Fort de Trinquemale
Baye du Sud
Lac de Candelay
Aggelative
I. aux Corneilles
I. Allebaster
Fort Oostenbourg
Baye Ballizad
Isle Kipenburg
Poumekouramale
Nielankal
Chielletive
Isle de l'Elephant
Nagemale
Isle Kykindepot
Elizabets danstoot
Nord
BAYE DE TRINQUEMALE
Isle Norwegen
BAYE DE COTTIAR

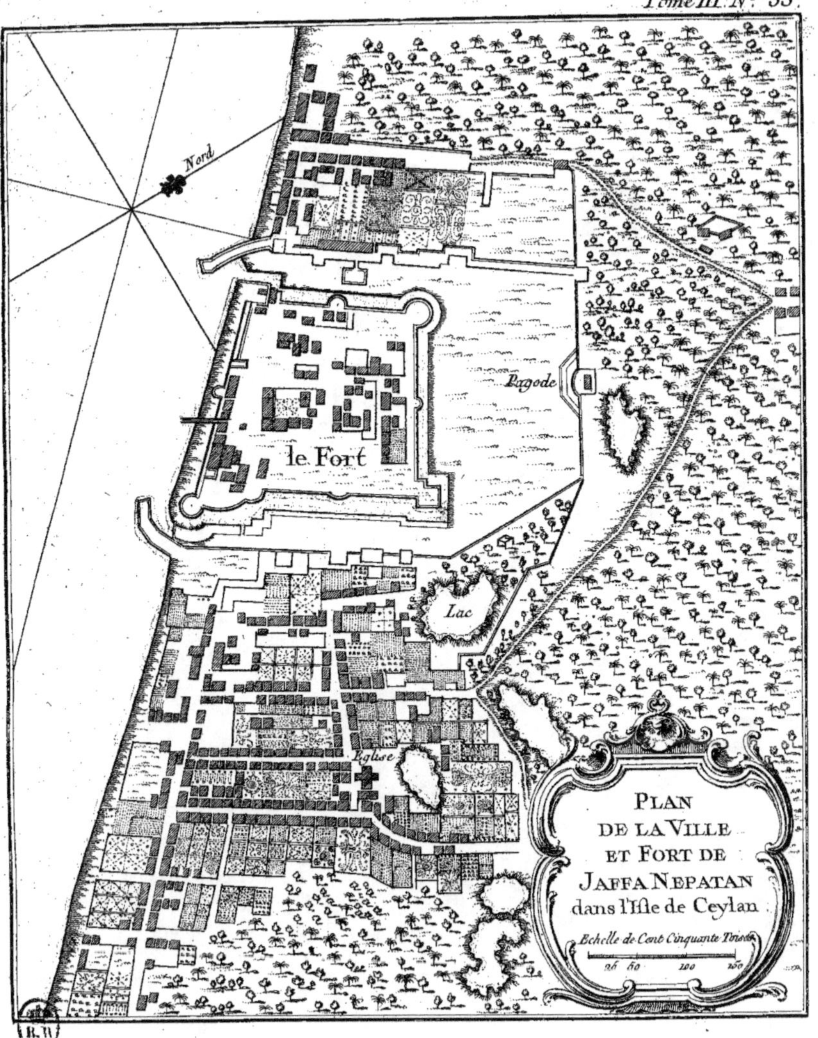
Nord
le Fort
Pagode
Lac
Eglise
PLAN
DE LA VILLE
ET FORT DE
JAFFA NEPATAN
dans l'Isle de Ceylan
Echelle de Cent Cinquante Toises
25 50 100 150

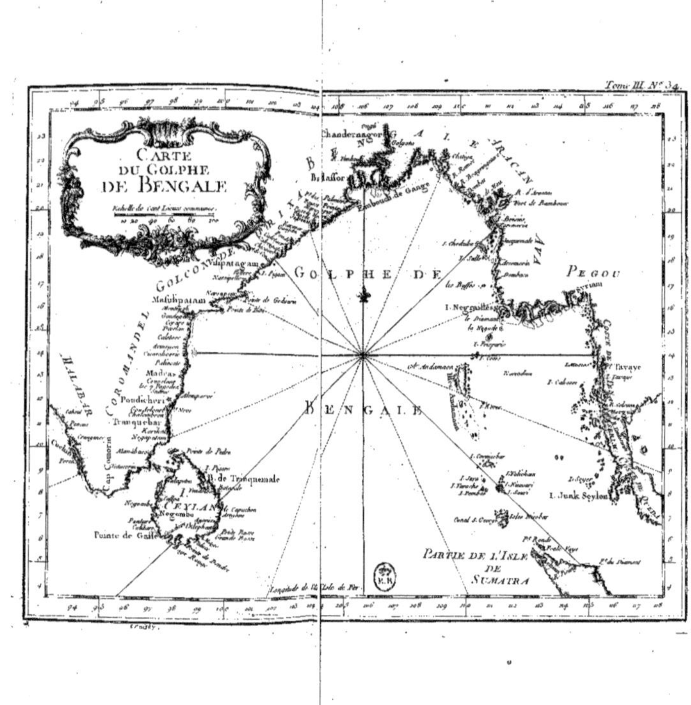

Tome III. N° 34.
CARTE DU GOLPHE DE BENGALE
Echelle de Cent Lieues communes.
10 20 40 60 80 100
GOLPHE DE BENGALE
Chandernagor
Golgota
Balassor
Embouch. de Gange
ARACAN
R. d'Aracan
Port de Bambou
Chittiga
I. Chedube
I. Sulle
Aromorin
les Buffles
I. Negrailles
le Diamant
la Negude
I. Preparis
I. Cocos
AVA
PEGOU
Syriam
Pt. Tavaye
I. Tarque
I. Caboore
Narcodam
Andamaon
Andamaon
I. Carnicobar
I. Tchichau
I. Nancouri
I. Souri
I. Sayer
I. Junk Seylon
Isles Nicobar
Canal S. George
Pte. Ronde
Pte. du Diamant
PARTIE DE L'ISLE DE SUMATRA
GOLCONDE
Visipatagam
I. Pipau
Narsapour
Masulipatam
Pointe de Godavari
COROMANDEL
Calétoure
Armegon
Paliacate
Madras
Les 7 Pagodes
Pondicheri
Condelour
Chalambron
Tranquebar
Karikal
Negapatam
MALABAR
Cochin
Cap Comorin
Pointe de Pedre
B. de Trinquemale
I. CEYLAN
Negombo
Batecalo
Pointe de Galle
Longitude de l'Isle de Fer
Crussy.

Tome III. N°. 35.

PLAN DE LA VILLE DE PONDICHERI
RENVOY
A. Le Fort
B. Ouvrage a Corne
C. Bastion de St. Laurent
D. Bastion de St. Louis
E. Bastion d'Anjou
F. Bastion d'Orleans
G. Bastion de la Porte de Madras
H. Bastion du Nord Ouest
I. Bastion de St. Joseph
K. Porte de Valledaur
L. Bastion Valledaur
M. Bastion sans peur
N. Porte Villenour
O. Bastion de Villenour
P. Bastion de la Reine
Q. Bastion de l'Hopital
R. Bastion Goudelour
S. Petite Batterie
1. l'Eglise des Capucins
2. l'Eglise des Jesuites
3. Jardins de la Compagnie
4. Jardins des Jesuites
5. Jardins des Capucins
6. l'Hopital
7. Ancien Jardin de la Compag.e
8. l'Hotel de la Compagnie
9. Maison du Gouverneur
10. l'Hotel de la Monnoye
11. Cimetiere des Malabares
12. Cimetiere des François
13. Grand Marché
14. Prison des Malabares
15. Ouvrages neufs faits en 1740 et 1741.
16. Ouvrages de 1740
17. Marché de St. Laurent
18. Batterie des Toilles
19. Place du Mas
20. Les Missionaires
21. La grande Pagode
anciennes Limites
Echelle de Cinq Cent Toises.
100 200 300 400 500
LA MER DES INDES

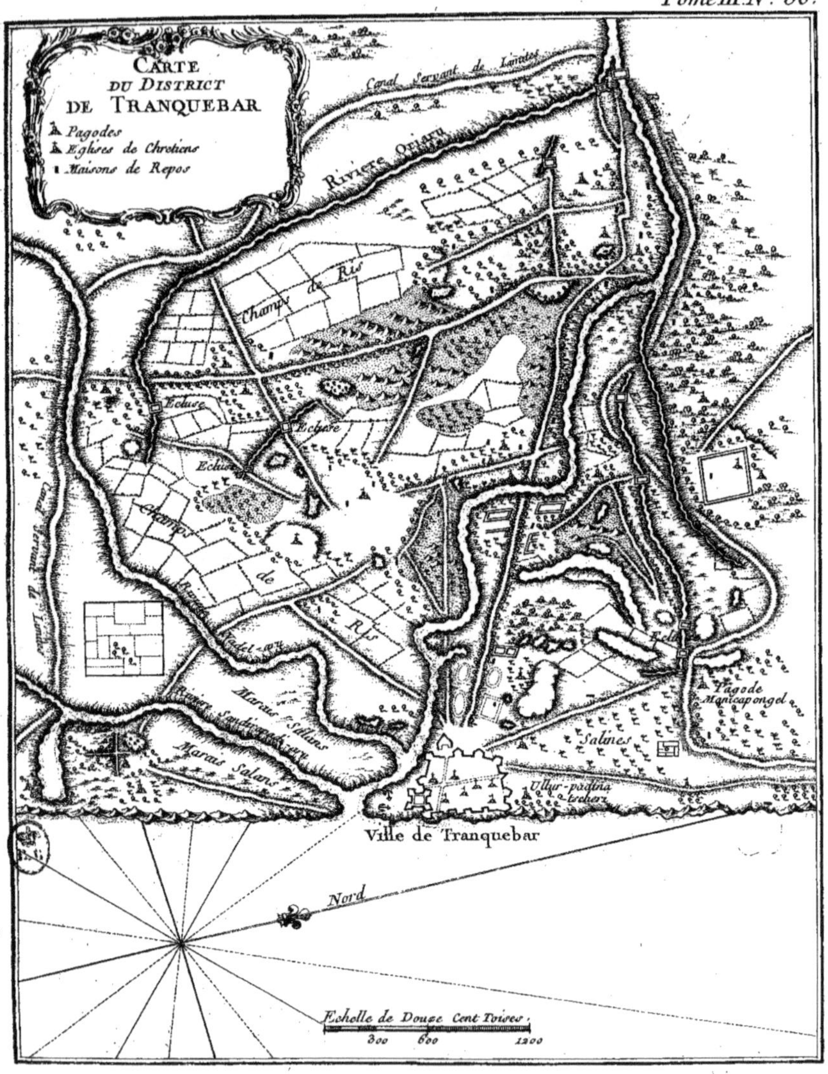

CARTE DU DISTRICT DE TRANQUEBAR
Pagodes
Eglises de Chrétiens
Maisons de Repos
Canal servant de Limites
Riviere Oparu
Champs de Ris
Ecluse
Ecluse
Ecluse
Champs de Ris
Marais Salans
Marais Salans
Salines
Pagode Manicapongel
Ullur-padina tscheri
Ville de Tranquebar
Nord
Echelle de Douze Cent Toises
300 600 1200

LA VILLE NOIRE
Faucbourg détruit lors de la prise par les François.
Riviere de Montaron
Maison de Plaisance du Gouverneur
Pont
Riv. de Montaron
Prairie
Bras de la Riviere qui s'étend ici
Chemin
Fossé Sec
LA MER
Nord
PLAN DE MADRAS
a la Coste de Coromandel
A. Fort St. Georges
B. Gouvernement
C. Les Capucins
D. Prêche des Anglois
E. La Douane
F. Magasin a Poudre
G. Porte Royale
H. Maisons des Habitans
J. Magasins de la Compagnie
K. Place d'Arme
L. Porte de la Mer
M. Puits
N. Porte St. Thomé
O. Porte de la Chauderie
Echelle de Deux Cent Toises.
50 100 150 200 T.

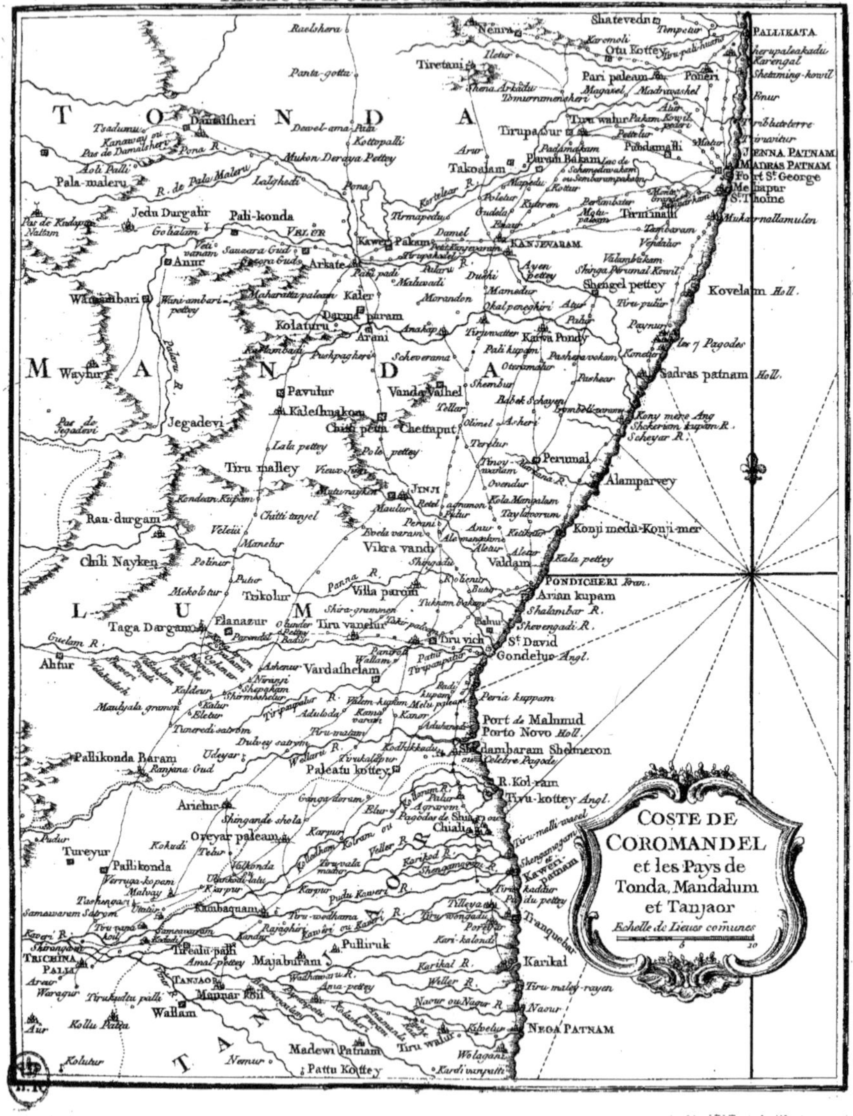

COSTE DE COROMANDEL
et les Pays de Tonda, Mandalum et Tanjaor

Echelle de Lieues comunes

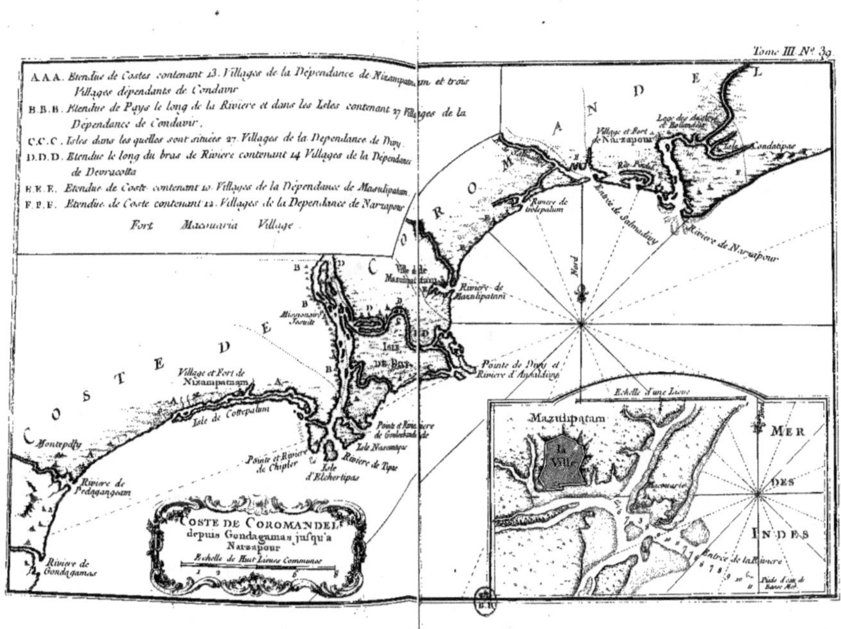
Tome III. Nº 39
A.A.A. Etendue de Costes contenant 13. Villages de la Dépendance de Nizampatnam et trois Villages dépendants de Condavir
B.B.B. Etendue de Pays le long de la Riviere et dans les Isles contenant 27 Villages de la Dépendance de Condavir.
C.C.C. Isles dans les quelles sont situées 27. Villages de la Dependance de Divy.
D.D.D. Etendue le long du bras de Riviere contenant 14 Villages de la Dépendance de Devracotta
E.E.E. Etendue de Coste contenant 10. Villages de la Dépendance de Masulipatam.
F.F.F. Etendue de Coste contenant 12. Villages de la Dependance de Narzapour
Fort Macouaria Village
COSTE DE COROMANDEL
Village et Fort de Narzapour
Condatipas
Riviere de Narzapour
Riviere de Mazulipatam
Nord
Pointe de Divy et Riviere d'Ansaldivy
Village et Fort de Nizampatnam
Isle de Cottepalum
Montepolly
Riviere de Pedaggangoam
Riviere de Gondagamas
Pointe et Riviere de Chipler
Isle d'Elchertipas
Riviere de Tipae
Isle Nasoumpas
COSTE DE COROMANDEL depuis Gondagamas jusqu'a Narzapour
Echelle de Huit Lieues Communes
Echelle d'une Lieue
Mazulipatam
la Ville
Macouarie
MER DES INDES
Entrée de la Riviere

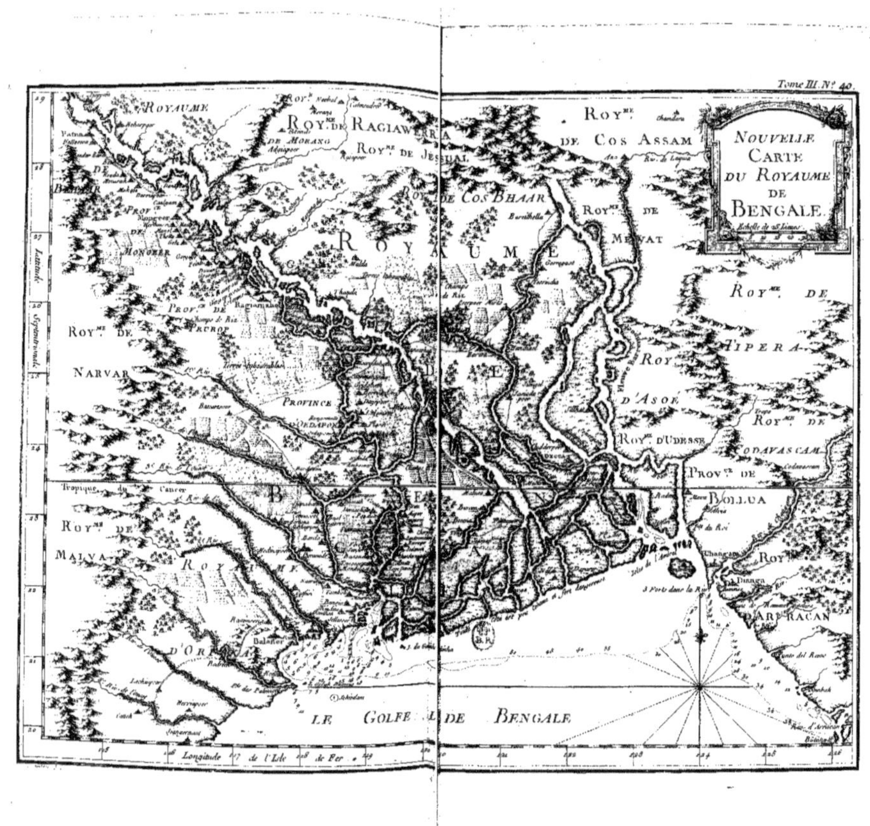

Tome III. N° 40.
NOUVELLE CARTE DU ROYAUME DE BENGALE.
Echelle de 25 Lieues
ROYAUME
ROY.ME DE RAGIAWERRA
DE MORANG
ROY.ME DE JESUAL
ROY.ME DE COS ASSAM
ROY.ME DE COS BHAAR
ROY.ME DE MEVAT
ROYAUME
ROY.ME DE TIPERA
ROY.ME D'ASOE
ROY.ME D'UDESSE
ROY.ME DE CODAVASCAM
PROV.CE DE BOLLUA
ROY.ME D'ARRACAN
PROV.CE DE MONGHER
PROV.CE DE PURROP
ROY.ME DE NARVAR
PROVINCE D'ODDAPOUR
ROY.ME DE MALVA
ROYAUME D'ORIXA
BENGALE
Tropique du Cancer
LE GOLFE DE BENGALE
Longitude de l'Isle de Fer
Latitude Septentrionale

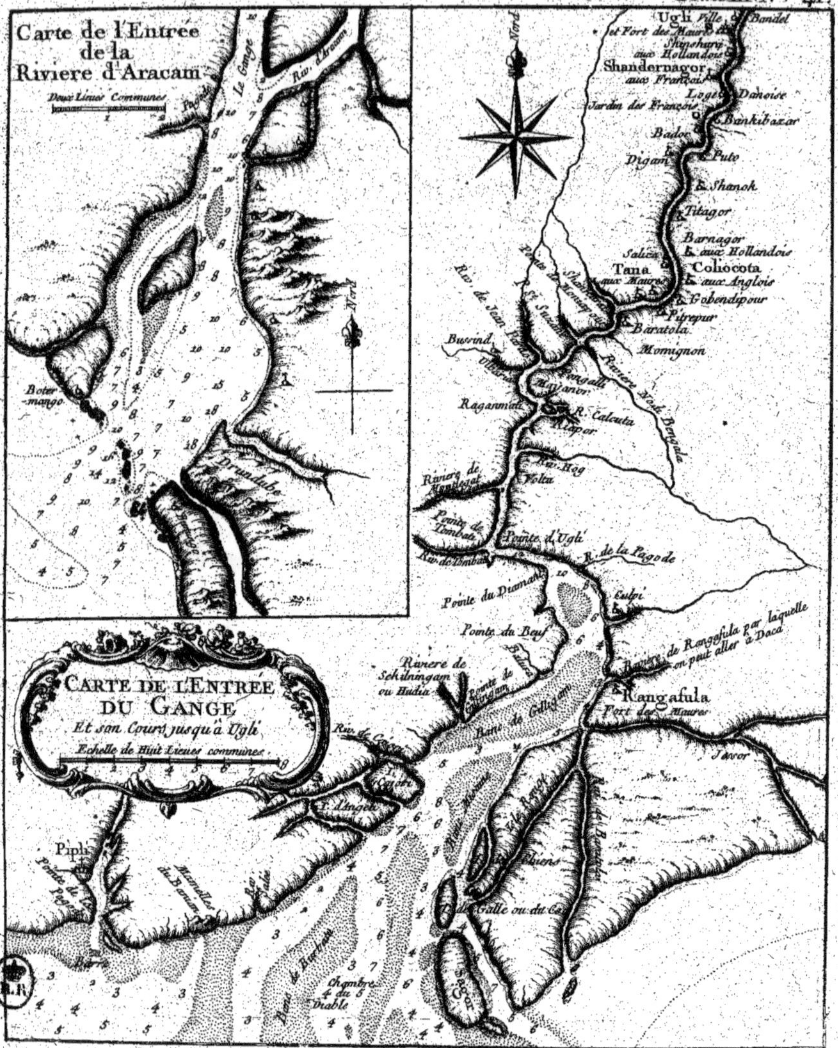

Carte de l'Entrée de la Riviere d'Aracam

Deux Lieues Communes

Le Gange

Riv. d'Aracam

Boter-mango

Drundube

CARTE DE L'ENTRÉE DU GANGE

Et son Cours jusqu'à Ugli

Echelle de Huit Lieues communes

Ugli Ville et Fort des Maures

Bandel

Shinshura aux Hollandois

Shandernagor aux François

Loge Danoise

Jardin des François

Bankibazar

Bador

Digam

Puto

Shanok

Titagor

Barnagor aux Hollandois

Salica

Tana aux Maures

Coliocota aux Anglois

Gobendipour

Pitrepur

Baratola

Momignon

Busrind

Riv. de Jean Perain

Tana

Ragannati

R. Calcuta

Riviere Nord Bengala

Riviere de Monlogat

Riv. Hog

Volta

Pointe de Tombali

Pointe d'Ugli

Riv. de Tombali

R. de la Pagode

Pointe du Diamant

Culpi

Pointe du Beuf

Riviere de Rangafula par laquelle on peut aller à Daca

Riviere de Schilningam ou Hudia

Banc de Gelligam

Rangafula

Fort des Maures

Javor

Riv. de Cagori

I. Cagori

I. Angels

Pipli

Barre

Banc de Burbaté

Chambre du Diable

Galle ou du Ca...

Sagor

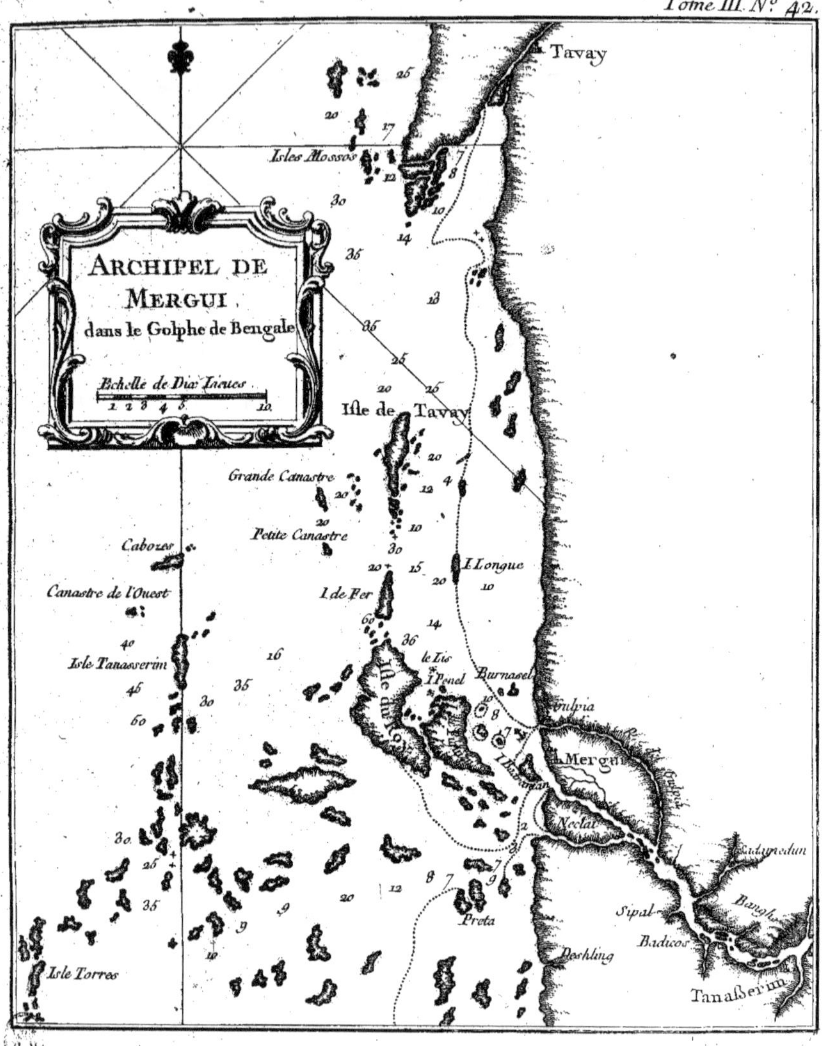
ARCHIPEL DE MERGUI dans le Golphe de Bengale
Echelle de Dix Lieues
Tavay
Isles Mossos
Isle de Tavay
Grande Canastre
Petite Canastre
Cabozes
Canastre de l'Ouest
I. Longue
I. de Fer
Isle Tanasserim
le Lis
I. Penel
Burnasel
Isle du Roy
Mergui
Neclat
Prota
Sipal
Badicos
Deshling
Tanaßerim
Isle Torres

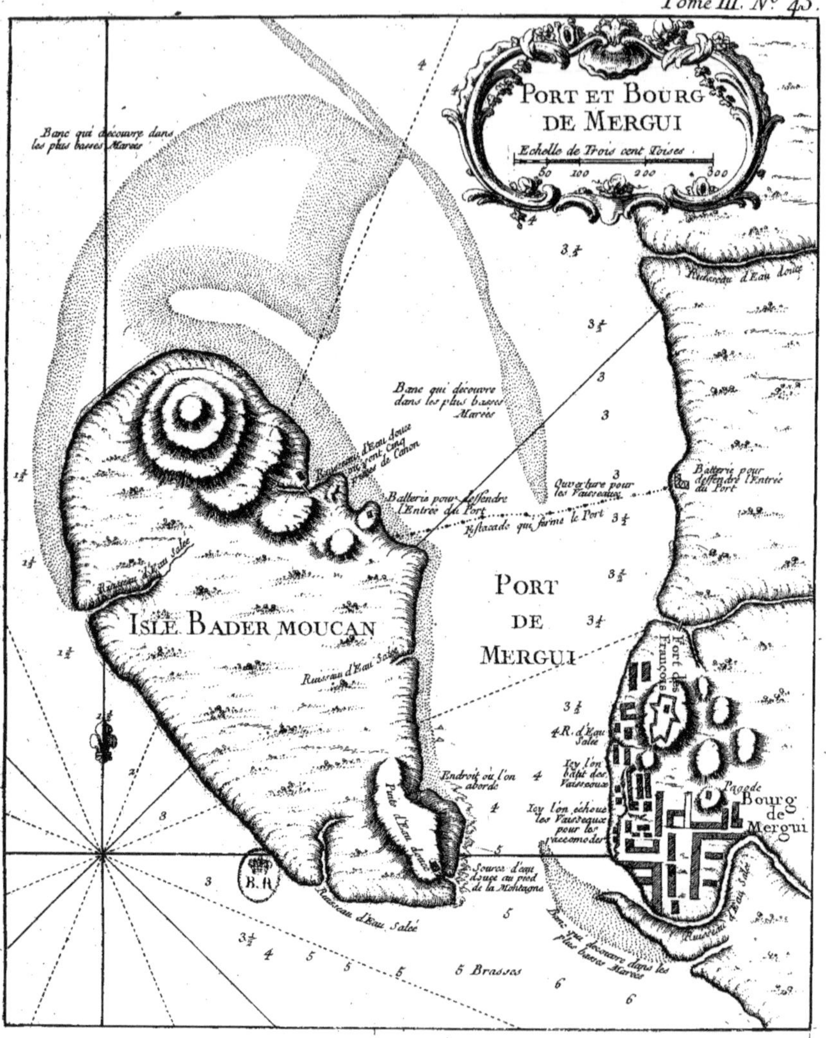
PORT ET BOURG
DE MERGUI
Echelle de Trois cent Toises
50 100 200 300
Banc qui découvre dans
les plus basses Marées
Banc qui découvre
dans les plus basses
Marées
Batterie pour deffendre
l'Entrée du Port
Ouverture pour
les Vaisseaux
Batterie pour
deffendre l'Entrée
du Port
Estacade qui ferme le Port
PORT
DE
MERGUI
ISLE BADER MOUCAN
Ruisseau d'Eau Salée
Fort des
François
R. d'Eau
Salée
Icy l'on
bâtit des
Vaisseaux
Endroit où l'on
aborde
Icy l'on échoue
les Vaisseaux
pour les
raccomoder
Pagode
Bourg
de
Mergui
Source d'eau
douce au pied
de la Montagne
Ruisseau d'Eau Salée
Banc qui découvre dans les
plus basses Marées
5 Brasses

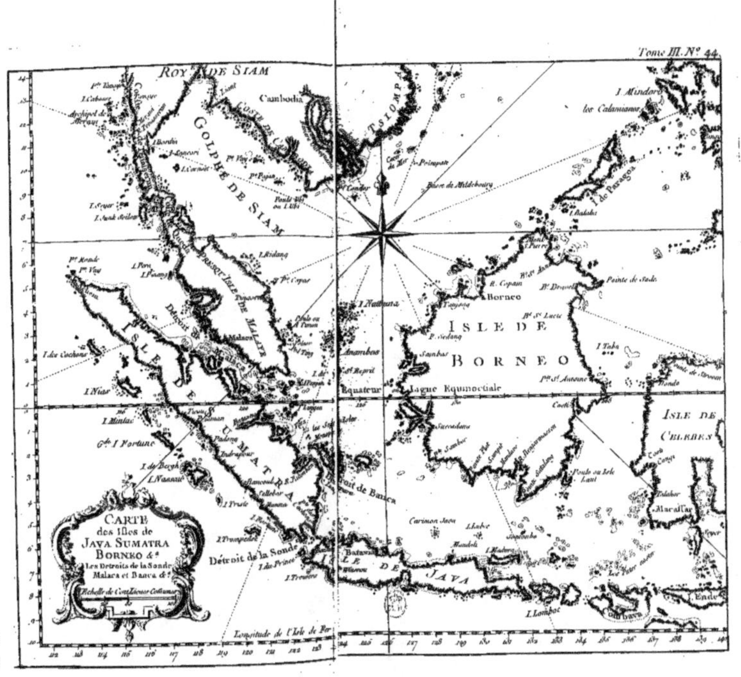
Tome III. N° 44
CARTE
des Isles de
JAVA SUMATRA
BORNEO &c.
Les Detroits de la Sonde
Malaca et Banca &c.
ROY DE SIAM
Cambodia
GOLPHE DE SIAM
ISLE DE BORNEO
Borneo
ISLE DE SUMATRA
ISLE DE CELEBES
ISLE DE JAVA
Détroit de la Sonde
Détroit de Banca
Equateur
Ligne Equinoctiale
I. Mindoro
les Calamianes
I. de Paragoa
Pointe de Sado
I. Natuna
Anambas
Malaca
Batavia
Macassar
Carimon Java
I. Lombok
Longitude de l'Isle de Fer
Gde. I Fortune
I. de Bergh
I. Nassau
I. Mintao
I. Nias
I. des Cochons
I. Trouwers
I. Crab
I. Taba

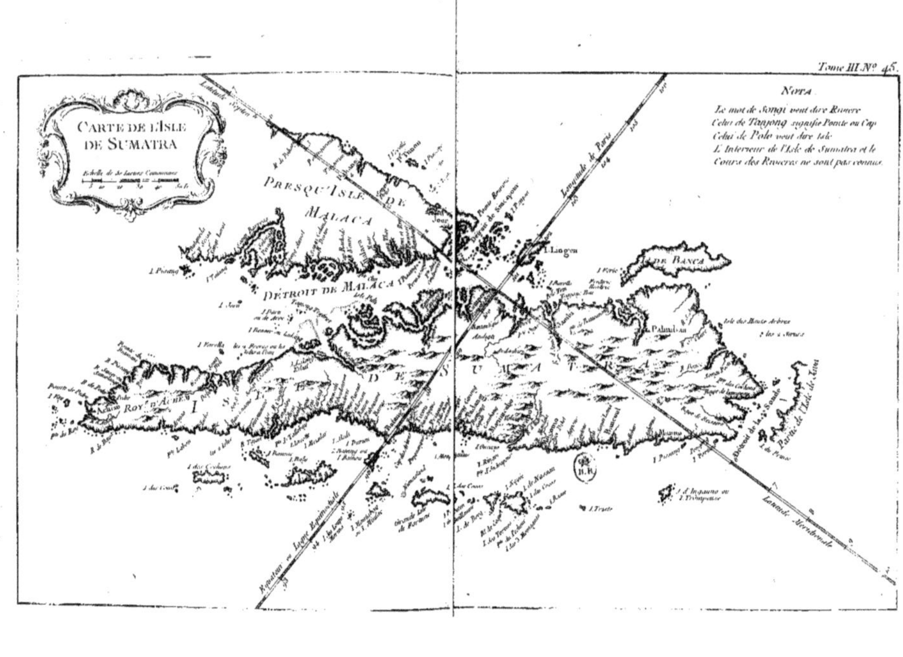
Tome III. N° 45.
CARTE DE L'ISLE
DE SUMATRA
NOTA.
Le mot de Songi veut dire Riviere
Celui de Tanjong signifie Pointe ou Cap
Celui de Polo veut dire Isle
L'Interieur de l'Isle de Sumatra et le
Cours des Rivieres ne sont pas connus.
PRESQU'ISLE DE MALACA
DÉTROIT DE MALACA
I. Lingen
DE BANCA
Palimban
ROY. D'ACHEM
Longitude de Paris
Latitude Meridionale

Tome III. N°. 46.

Porte du Fort
A
Maison du Gouverneur
B
Porte du Fort
Ecluse
Quay
F
Bazar
E
C
D
Chaine de Roches sous l'eau
Balises pour marquer l'Entrée
DETROIT DE MALACA
Cabanes des Malais
G
Porte
Tour
A. Eglise de St. Paul qui sert de Temple aux Hollandois
B. Magasin autrefois Eglise de la Miséricorde.
C. Mosquée des Maures
D. Pagode des Chinois
E. Maison du Général des Chinois
F. Bazar des Chinois
G. Endroit jusqu'où les Barques et Sommes remontent.
PLAN DE LA VILLE DE MALACA
Echelle de Cent Toises.
10 20 30 40 50 100

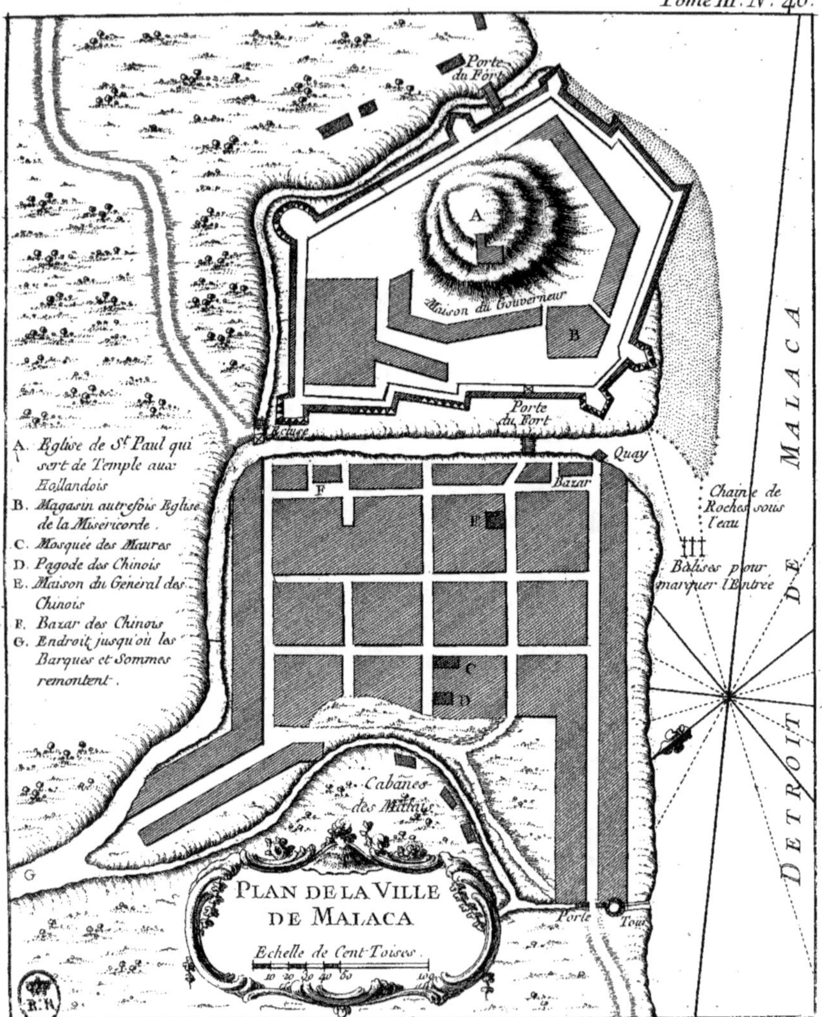

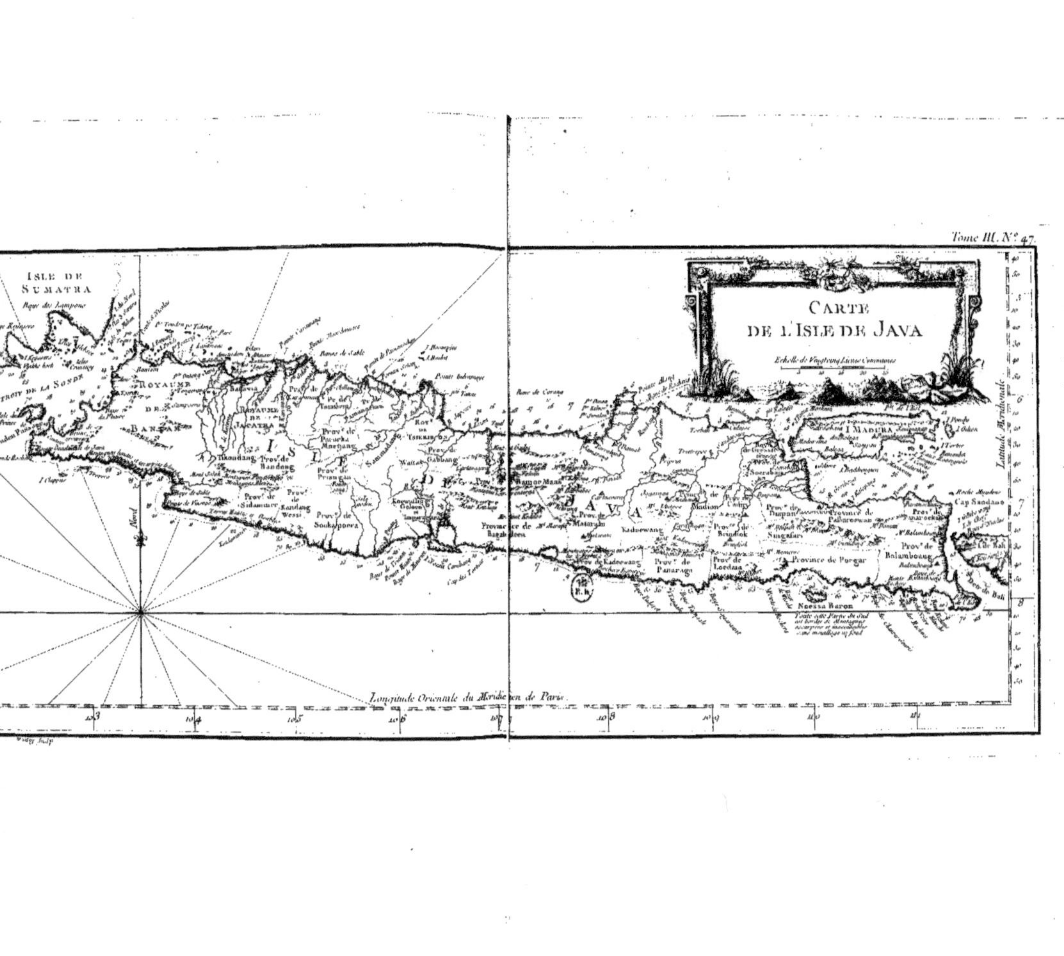
Tome III. N° 47.
CARTE
DE L'ISLE DE JAVA
Echelle de Vingt cinq Lieues Communes
ISLE DE SUMATRA
DETROIT DE LA SONDE
ROYAUME DE BANTAM
Batavia
ROYAUME DE JACATRA
ISLE DE JAVA
I. MADURA
Province de Passaroewan
Province de Poegar
Prov. de Balambouang
Cap Sandana
Noessa Baron
Latitude Méridionale
Longitude Orientale du Méridien de Paris
103
104
105
106
107
108
109
110
111

Tome III. N° 48.

Jacatra
la Grande Riviere
NoordWyck
Quartier des Ambones
Quartier des Javans
Cannes de Sucre
et
Champ de Ris
Corps de Garde
Moulins
Mouillage
BATAVIA
Champ de Ris
Champ de Ris
Coupures pour arroser les Champs de Ris et les Jardins
Jardins
Viffohec
Cannes de Sucre
Anke
Corps de Garde
CARTE
DES ENVIRONS DE
BATAVIA
Tirée des Hollandois
Echelle d'une demie Lieue commune

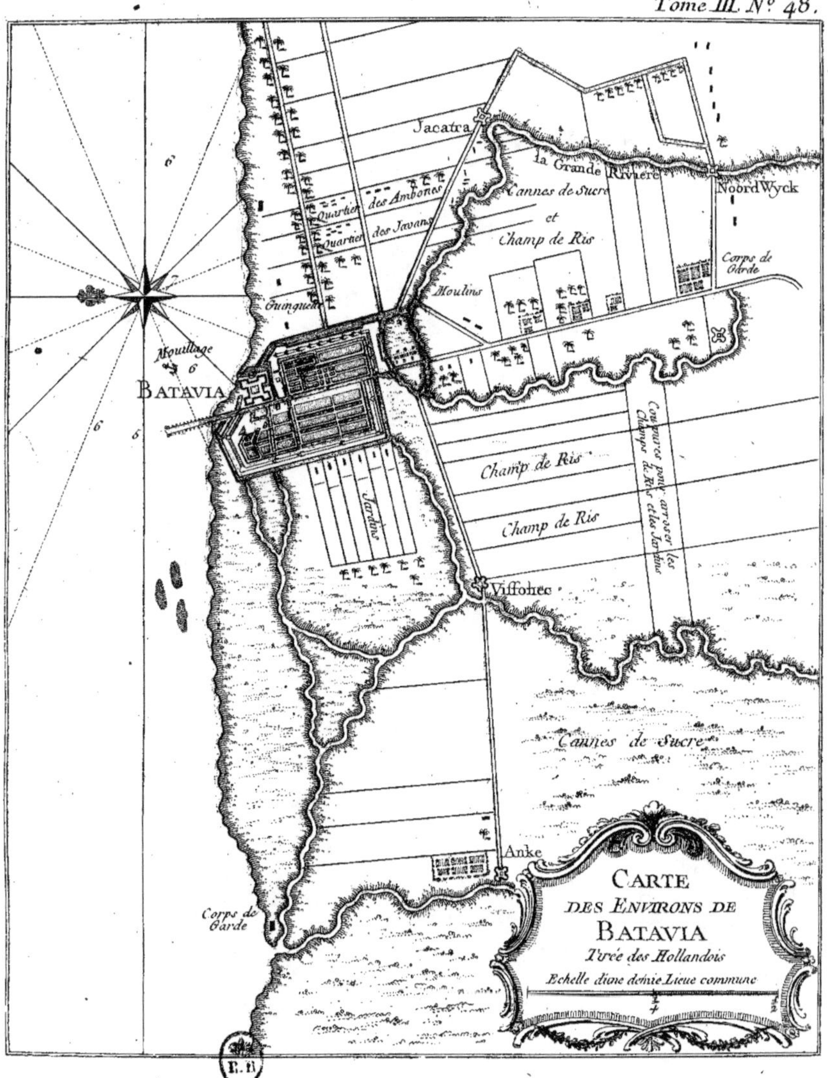

Tome III. N° 40
CARTE
DES ROYAUMES DE
SIAM
DE TUNQUIN
Pegu, Ava, Aracan, &c.
Echelle de Lieues Communes
25
50
75
CHINE
GOLPHE
DE
TUNQUIN
I. D'HAINAN
ROYAUME
D'AVA
ROYAUME DE
PEGU
Pegu
GOLPHE
DE
SIAM
ROYAUME DE
CAMBOIE
Aracan
Lan-chang
Louvo
Siam
Grande Andamaan
Petites Isles Andamaon
Isles Rases
Norcodam
Archipel de Mergui
Pointe Tanaye
Isle de Junk Seilon
Partie de l'Isle de Sumatra
I. Negraille
I. Preparis
I. des Cocos
I. Cheduba
Cap Negrais
Baye de Touran
I. Canton
Cap de Sable
Isle Condor
Cap Patane
Patani
Longitude du Méridien de Paris
Latitude Septentrionale

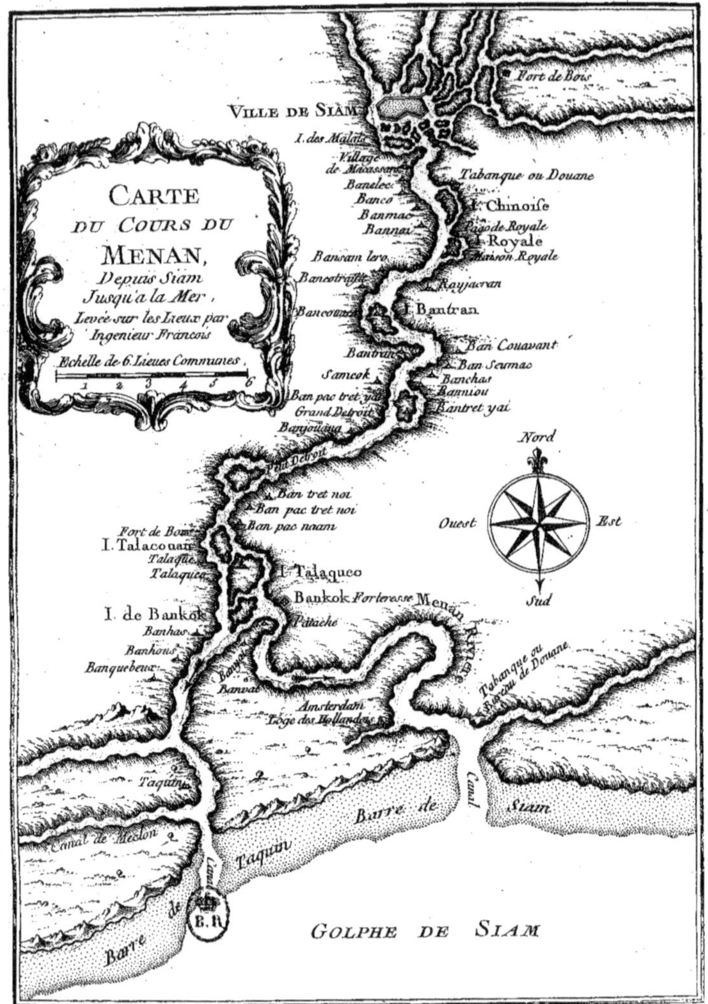
CARTE
DU COURS DU
MENAN,
Depuis Siam
Jusqu'a la Mer,
Levée sur les Lieux par
Ingenieur François
Echelle de 6. Lieues Communes.
1 2 3 4 5 6
VILLE DE SIAM
Fort de Bois
I. des Malais
Village de Macassars
Tabanque ou Douane
Banelee
Banco
Banmac
Bannai
I. Chinoise
Pagode Royale
I. Royale
Maison Royale
Bansam lero
I. Bantran
Ban Couavant
Ban Seumao
Banchas
Banniou
Bantret yai
Samcok
Ban pac tret yai
Grand Detroit
Nord
Ouest
Est
Sud
Ban tret noi
Ban pac tret noi
Ban pac naam
Fort de Bois
I. Talacouan
Talaque
I. Talaqueo
Bankok Forteresse
Menan Riviere
I. de Bankok
Banhas
Banhous
Banquebeux
Pataché
Banvat
Amsterdam
Loge des Hollandois
Tabanque ou Bateau de Douane
Taquin
Canal de Meclon
Canal
Barre de Taquin
Canal
Siam
B. R.
Barre de
GOLPHE DE SIAM

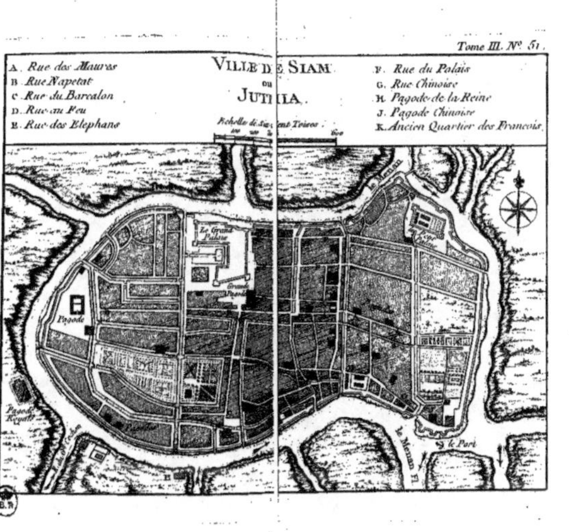
VILLE DE SIAM
ou
JUTHIA.
A. Rue des Maures
B. Rue Napetat
C. Rue du Barcalon
D. Rue au Feu
E. Rue des Elephans
F. Rue du Palais
G. Rue Chinoise
H. Pagode de la Reine
J. Pagode Chinoise
K. Ancien Quartier des Francois.
Echelle de Six cent Toises.
Le Grand Palais
Grande Pagode
Pagode
Pagode Royale
Le Menam
le Port

Tome III. N°. 52.

PLAN DE LA VILLE
DE LOUVO
demeure ordinaire des Rois de Siam.
Echelle de Trois Cent Toises.
60 100 200 300
Isle fort peuplée
La Riviere du Menan qui passe a Siam.
Bazar ou Marché
Ecuries du Roy
Palais du Roy
Ecuries
La Grande Pagode
Jardins qui sont au Roy
Place ou on exerce les Elephants
Reservoir d'eau
LA BASSE VILLE
Reservoir d'eau
La Pintate qui este le Lieu ou l'on prend les Elephans Sauvages
Fonderie du Roy
Riviere qui asseche 6 mois de l'année
B.R.

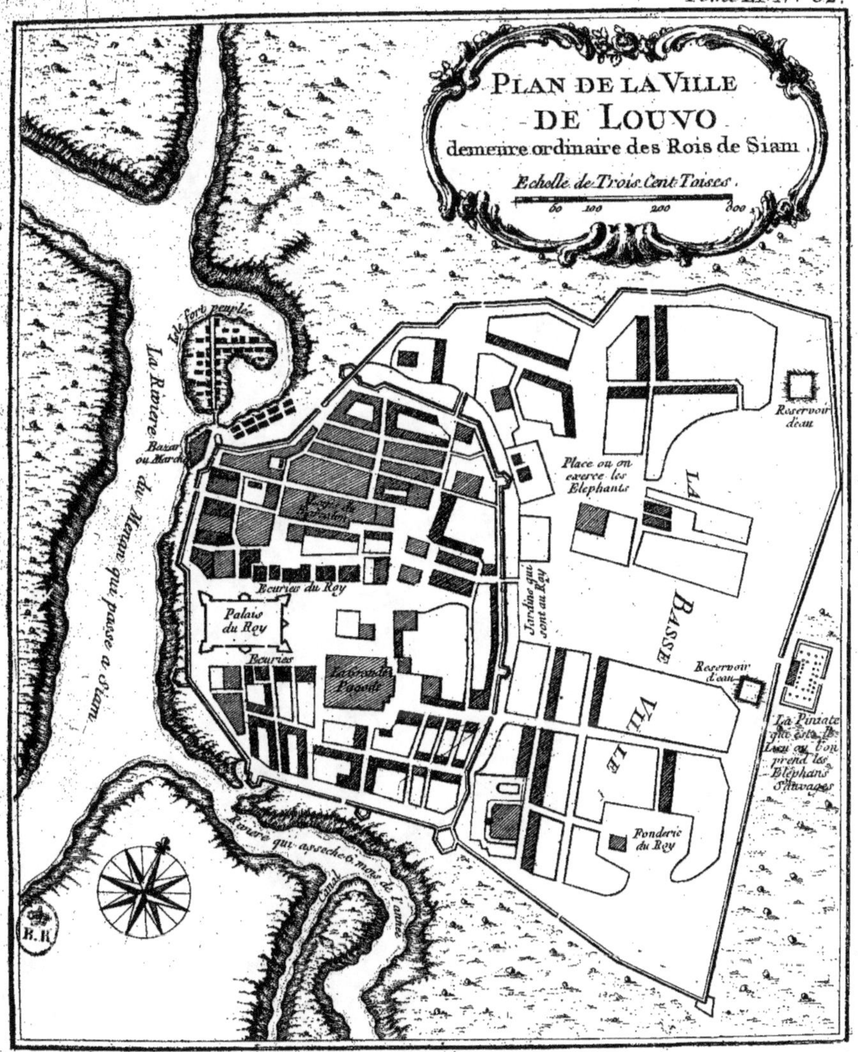

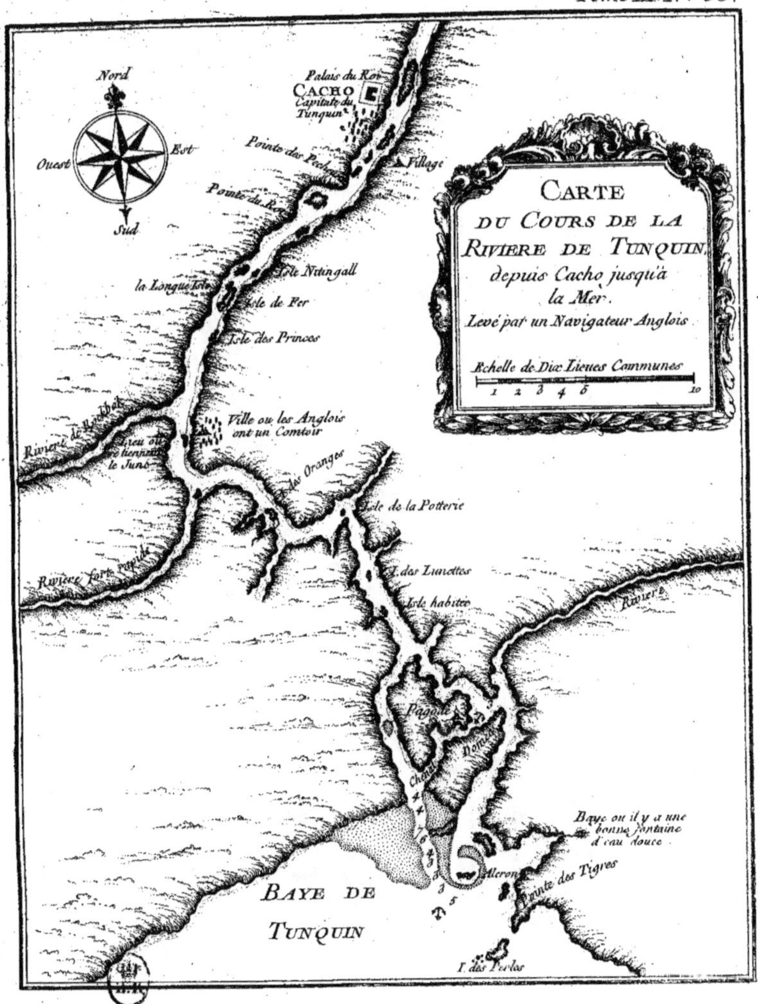
CARTE
DU COURS DE LA
RIVIERE DE TUNQUIN,
depuis Cacho jusqu'à
la Mer.
Levé par un Navigateur Anglois.
Echelle de Dix Lieues Communes
1 2 3 4 5 10
Nord
Est
Ouest
Sud
Palais du Roi
CACHO
Capitale du Tunquin
Pointe des Pecheurs
Village
Pointe du Roi
Isle Nitingall
la Longue Isle
Isle de Fer
Isle des Princes
Ville ou les Anglois ont un Comtoir
Riviere de Rockbok
le Junc
I. des Oranges
Isle de la Potterie
Riviere fort rapide
I. des Lunettes
Isle habitée
Riviere
Pagode
Domea
Chenal
Baye ou il y a une bonne fontaine d'eau douce
Aleron
Pointe des Tigres
BAYE DE TUNQUIN
I. des Perles

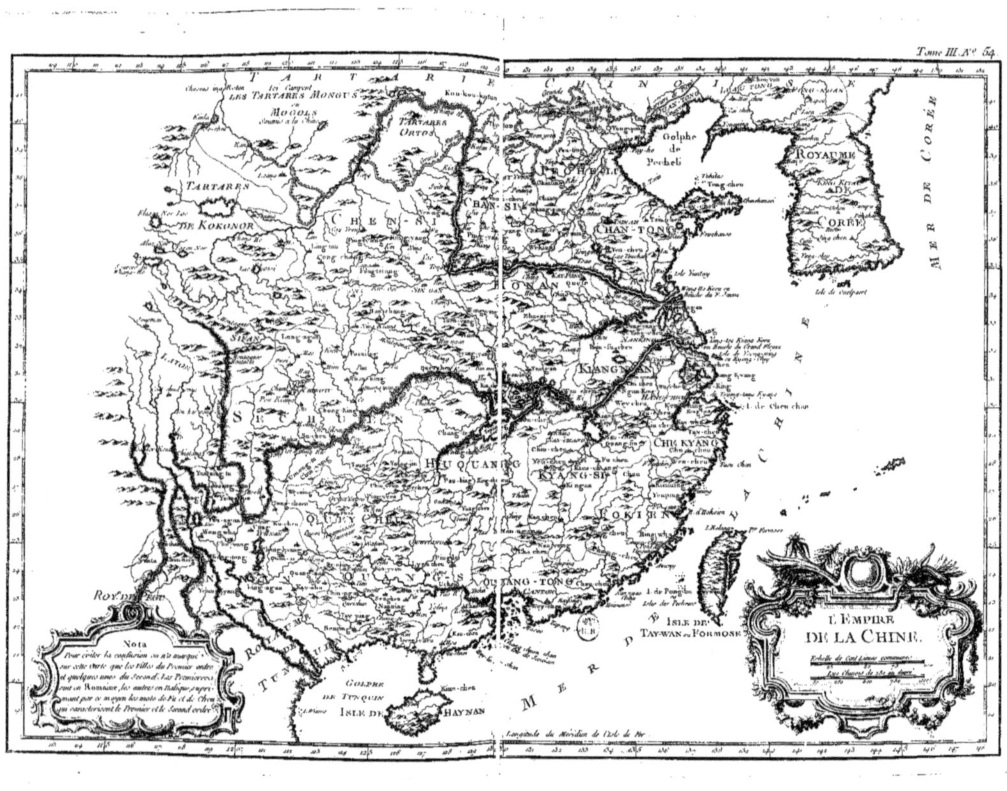
Tome III. N° 54.
T A R T A R I E
C H I N O I S E
LES TARTARES MONGUS ou MOGOLS
TARTARES ORTOS
TARTARES DE KOKONOR
CHEN-SI
CHAN-SI
PE-CHE-LI
CHAN-TONG
HO-NAN
KIANG-NAN
SE-CHUEN
HU-QUANG
KIANG-SI
CHE-KYANG
QUEY-CHEU
FOKIEN
QUANG-TONG
Golphe de Pecheli
ROYAUME DE CORÉE
MER DE CORÉE
MER DE LA CHINE
ROY. DE TUNQUIN
GOLPHE DE TUNQUIN
ISLE DE HAYNAN
ISLE DE TAY-WAN ou FORMOSE
Longitude du Méridien de l'Isle de Fer
Nota
Pour éviter la confusion on n'a marqué sur cette Carte que les Villes du Premier ordre et quelques unes du Second. Les Premières sont en Romaine, les autres en Italique, supprimant par ce moyen les mots de Fu et de Cheu qui caractérisent le Premier et le Second ordre.
L'EMPIRE DE LA CHINE.
Echelle de Cent Lieues communes.
Lys Chinois de 250 au degré.

CARTE
DU
ROYAUME DE
KAU-LI ou CORÉE
Copiée sur la Carte
Angloise
Echelle de quarante Lieues
MER DE CORÉE
LA MER JAUNE
GOLPHE DE LYAU TONG
TEN CHEW FU
SHEN YANG
MOUDEN
Yalu Kiang ou Riv. Verte
Ping yang
Wang ching
KING-KI-TAU
Hetsin
Long quang
Sing chen
Kang cheu
Han cheu
Yang cheu
Haymen
TSUEN - LO
Ngan-hay
Ki-cheu
Fong-ma
Nan tau fu
San-pu
Isle de Quelpaert
Suivant les Cartes d'Hollande
I. Tuima-tau
Tuan-chuen
Ly-ching
Pey-ching
Lyun-tau
Kau chuen
Te-yven
Anque
Ku-shan
Tong-chuen
Kin-cheng
Syang-yang
Kiang la-yang
Ping hay
Uchen
Tsuen-shan-tau
Yun-shan-tau
Mo chang
Yang-teng
Cheng-te
Avey-ing-tau
Teng lay
Ki chang
Tso shui
6
7
8
9
10
11
12
13
14
34
35
36
37
38
39
40
41

Tome III. Nº 56.

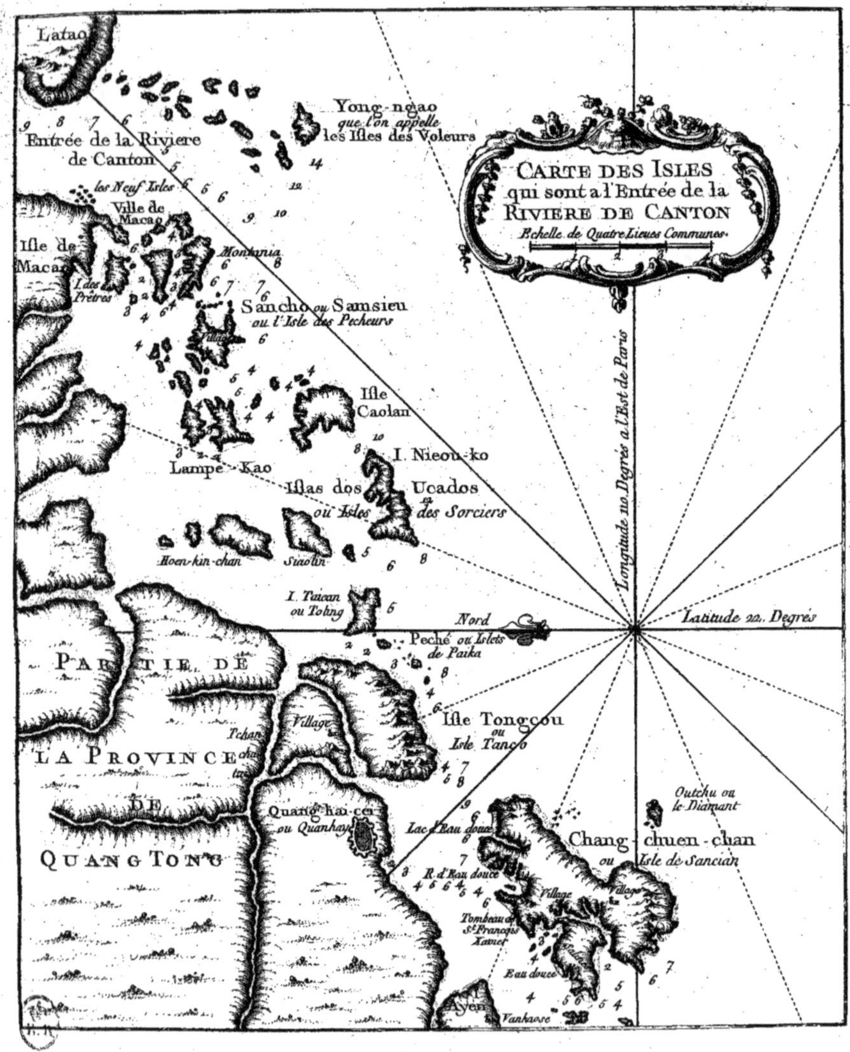

Tome III. N° 57.

PLAN DE LA VILLE ET DU PORT DE MACAO.
Echelle de 2400 Toises.
300 600 1200 2400 Toises
PARTIE DE L'ISLE DE MACAO
La Case Blanche
Maison du Mandarin
Muraille qui separe les Terres des Portugais de celles des Chinois.
I. Verte Maison de Campe. des Jesuites
Village Chinois
Endroit ou l'on Carene et batit des Vaisseaux
Batt
PARTIE DE L'ISLE DES PRETRES
Le Port
LA VILLE
Fort appellé N.D. de la Montagne
Batterie
Noſſa Senhora de Guia
Roche
Pagode Chinoise
Croix
St. Jacques et St. Philippe
N.D. de Bomparto
5 brasses
6
RADE DE MACAO
5 brasses
6

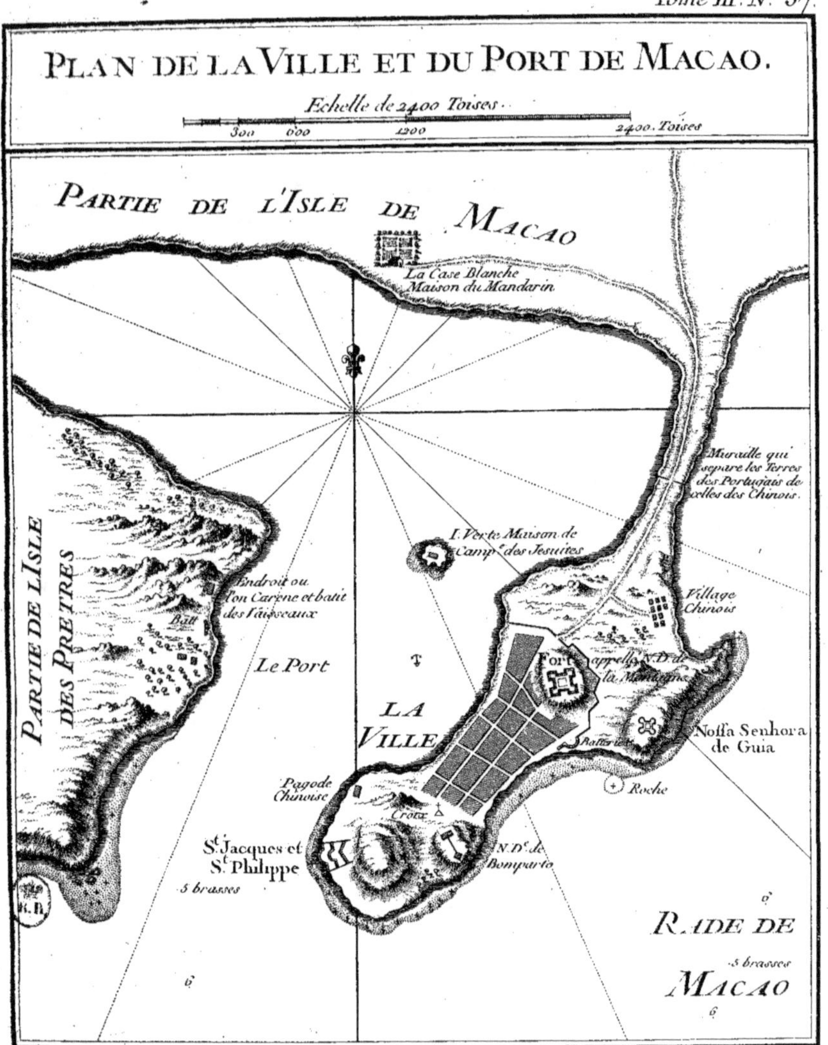

Tome III. N°. 58.

CARTE
DE L'ENTRÉE DE LA
RIVIERE DE CANTON
dans la Chine.
Echelle de Quatre Lieues Communes.
1 2 3 4 L.
QUANG TCHEW-FU
Vulg. CANTON
Fauxbourg
Forts
Ville des Tartares
V. des Chinois
Linam
Tour de Tavancon
Wampou
Corps de Garde
Tour Tacon
Tour du Lion
I. Loucan
Chenal
Tongroanhien
I Tassam ou I. des Serpents
I. du Tigre
Isle du Tigre
Forteresse
Eau douce
Sinn-gan-hien
Hiang-chan-hien
Barre
ISLE DE MACAO
Latitude 22. Deg. 25. min.
I. Lintem
Longitude 110. Deg. 30 min. à l'Est de Paris
Les Neuf Isles
la Case Blanche
I. des Prêtres
Macao

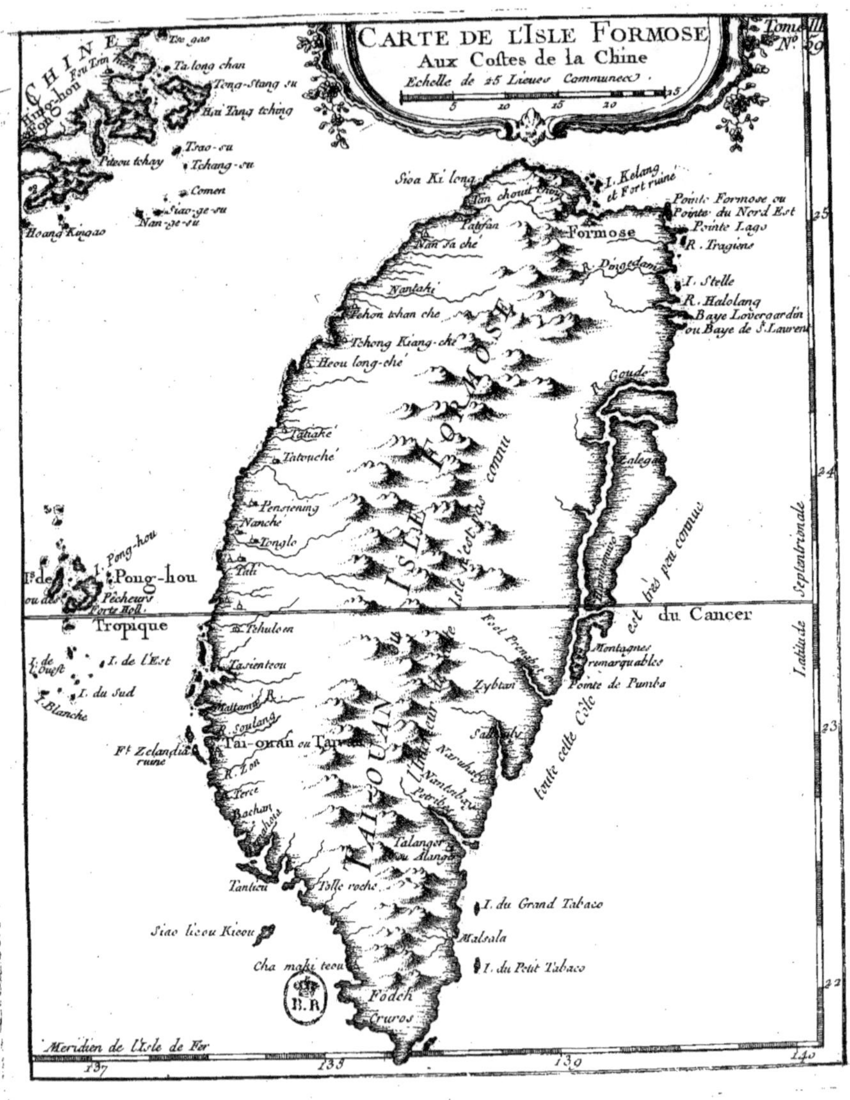
CARTE DE L'ISLE FORMOSE
Aux Costes de la Chine
Echelle de 25 Lieues Communes
5
10
15
20
25
Tome III
No. 59
CHINE
Sioa Ki long
I. Kelang
et Fort ruiné
Pointe Formose ou
Pointe du Nord Est
Pointe Lago
R. Tragiens
Formose
R. Dingedan
I. Stelle
R. Halolang
Baye Loveroardin
ou Baye de S.t Laurent
Tan chout choui
Patifan
Nan sa ché
Nantaki
Pehon tchan che
Tchong Kiang-che
Heou long-ché
R. Goude
Taliaké
Tatouché
Zalegan
Pensienung
Nanche
Tonglo
Tali
ISLE FORMOSE
l'Isle n'est pas connue
est très peu connue
I. Pong-hou
I.s de Pong-hou
ou des Pêcheurs
Porte Holl.
Tropique
du Cancer
Tchulom
Tasienteou
I. de l'Ouest
I. de l'Est
I. du Sud
I. Blanche
Maltame
R. Soulang
Fort Prombat
Montagnes
remarquables
Zybtan
Pointe de Pumba
F.t Zelandia
ruine
Tai-ouan ou Taiwan
R. Zon
Terce
Bachan
TAI-OUAN
toute cette Côte
Talanger
ou Alanger
Tantiou
Tolle roche
I. du Grand Tabaco
Siao licou Kieou
Malsala
Cha maki teou
I. du Petit Tabaco
Fodch
Cruros
Meridien de l'Isle de Fer
137
138
139
140
25
24
23
22
Latitude Septentrionale
Tso gao
Ta long chan
Tong-Stang su
Hai Tang tching
Trao-su
Tchang-su
Comen
Siao-ge-su
Nan-ge-su
Piteou tchay
Hoang Kingao

Tome III. N°. 60.

FUCHEU Capitale
HOCSIEU Suivant les Hollandois
CARTE DE LA BAYE D'HOCSIEU et des Entrées de la Riviere de Chang, Dans la Province de Fokyen, en Chine.
Echelle de Trois Lieues communes
½ 1 2 3
Mein-Jaceeu
Village
Tyen Village
San wan Village
Quanto
Mey-hou-so
Place de Guerre
Latitude 26. Deg. 10 min.
Lyen-Kiang-hien
Chien de Mer
Banc de Roche qui découvre
14 Brasses
Ting-hay
Sothia
Kitta Fort
Isle des Pêcheurs
Dombrugh
Nord
Longit. 117. Deg. 30 min. a l'Orient de Paris
Isles Crocodel
Skipps Rocher
I. Narden
Chien de Mer
Pointe Packa

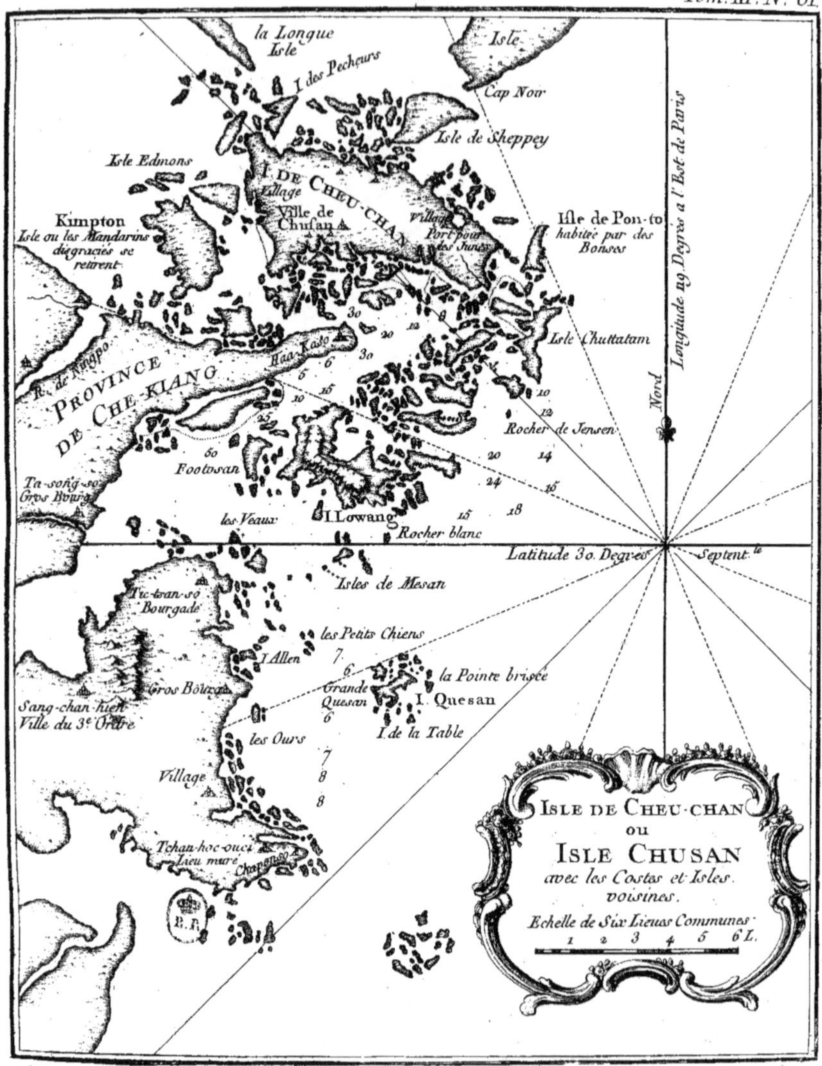
ISLE DE CHEU-CHAN
OU
ISLE CHUSAN
avec les Costes et Isles voisines.
Echelle de Six Lieues Communes
1 2 3 4 5 6 L.
la Longue Isle
I. des Pecheurs
Isle
Cap Noir
Isle de Sheppey
Isle Edmons
I. DE CHEU-CHAN
Village
Ville de Chusan
Village
Port pour les Junks
Isle de Pon-to habitée par des Bonses
Kimpton
Isle ou les Mandarins disgraciés se retirent
Isle Chuttatam
R. de Ningpo
PROVINCE DE CHE-KIANG
Haa-Kaso
Rocher de Jensen
Footosan
Ta-song-so Gros Bourg
les Veaux
I. Lowang
Rocher blanc
Longitude 119 Degrés a l'Est de Paris
Nord
Latitude 30. Degrés Septent.le
Isles de Mesan
Tic-tsan-so Bourgade
les Petits Chiens
I. Allen
la Pointe brisée
Grande Quesan
I. Quesan
Gros Bourg
Sang-chan-hien Ville du 3e Ordre
I. de la Table
les Ours
Village
Tchan-hoc-ouei Lieu muré
Chapongo
Crousey

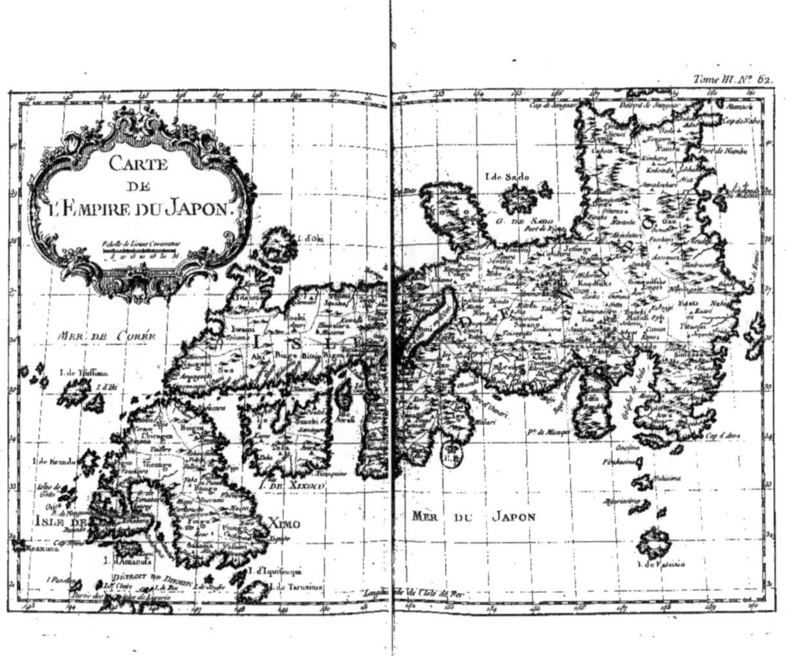
Tome III. N° 62.
CARTE DE L'EMPIRE DU JAPON.
MER DE CORÉE
I. de Tsussima
I. d'Oki
I. de Sado
ISLE DE XIMO
I. DE XIKOCO
I. d'Amacusa
DÉTROIT DE DIEMEN
I. d'Iquisenqui
I. de Tacuxima
MER DU JAPON
Cap de Sangaar
Détroit de Sangaar
Cap de Nabo
Port de Nambu
Cap d'Awa
I. de Fatsisio

Tome III. N° 63.

PLAN DU PORT ET DE LA VILLE
DE NANGASAKI.
A. Lieu ou s'affichent les Edits de l'Empereur
B. La Prison
C. Demeure d'un des Gouverneurs.
D. Demeure de l'autre Gouv.r
E. Temple ou le Troisieme Gouverneur fait sa demeure lors qu'il est a Nangasaki
F. Maison des Inspecteurs du Port.
Echelle d'une demie Lieue.
Port des Chinois
Lieu ou se tient une Garde Imperiale de 700 hommes
Desima
Lieu ou se mouillent les Vaiss.x Hollandois
Fond du Port ou il n'y a que très peu d'eau
Temple
Autre Lieu ou se tient pareille Garde
Papenberg
Lieu destiné a bruler les Vaisseaux ennemis
Entrée du Port
Isle
Magazins ou l'on garde les Canons et la poudre
Toutes ces Montagnes sont habitées

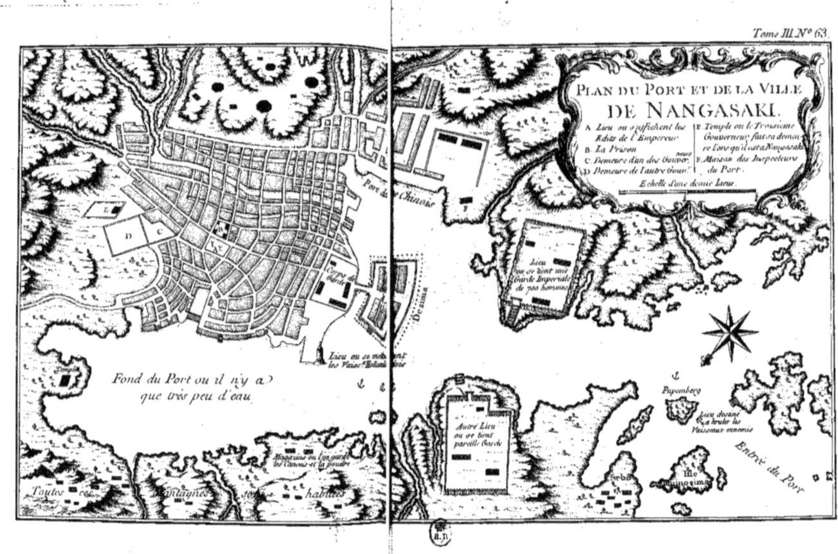

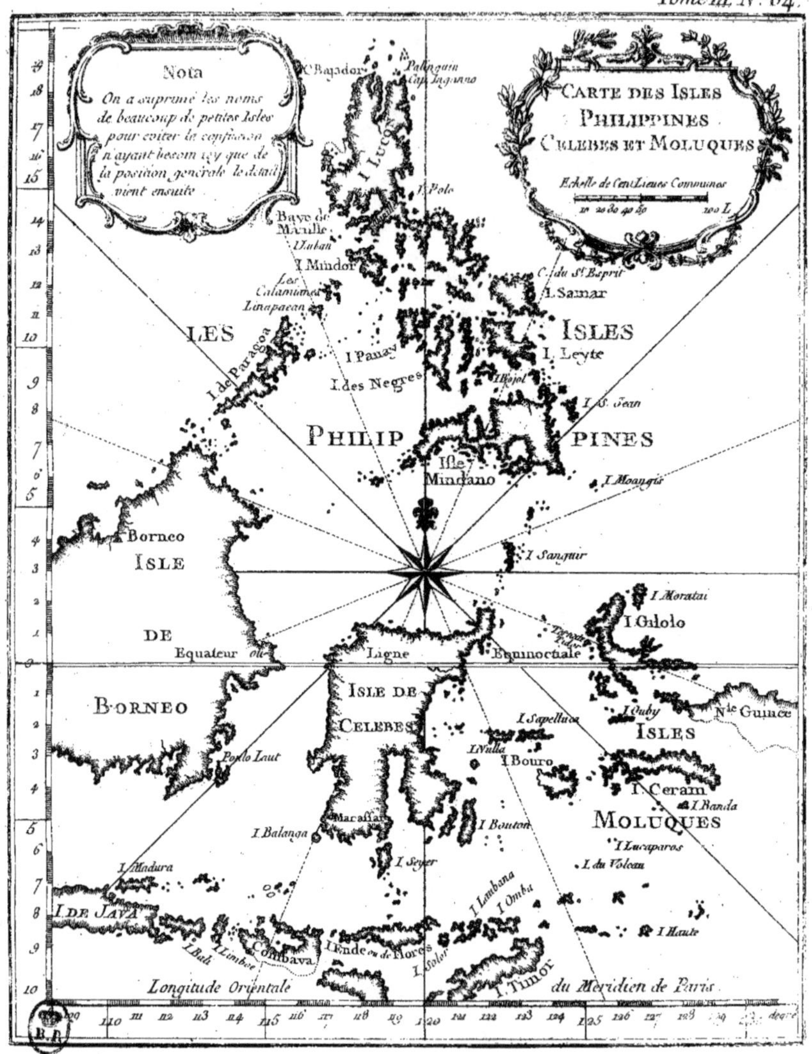

Carte des Isles Philippines Celebes et Moluques
Echelle de Cent Lieues Communes
Nota
On a suprimé les noms de beaucoup de petites Isles pour eviter la confusion n'ayant besoin icy que de la position generale le detail vient ensuite.
I. Luçon
Les Isles Philippines
Isle Mindano
Isle de Borneo
Isle de Celebes
Isles Moluques
I. de Java
Equateur ou Ligne Equinoctiale
Longitude Orientale du Meridien de Paris

Tome III. N° 65.

CARTE DES ISLES PHILIPPINES,
Dressée sur la Carte Espagnole du R. P. Murillo de Velarde.
Ire Feuille.
Echelle de 25 Lieues communes
5 10 15 20 25
Isles Babuyanes ou Batanes
C. Boxeador
Cap del Engaño
NOUV. CASTILLE
ISLE LUZON ou LUZ
Pte. Bolinao
Manille
Playa honda
I. Luban
I. MINDORO
Polo
Pte du Diable
Pietra Jaradada
I. de Catanduanes
Bagay Rey
Burias
I. Romblon
I. Sibuyan
I. Coron
Longitude du Méridien de l'Isle de Fer
137 138 139 140 141 142

Tome III. N°. 66.

CARTE DES
ISLES PHILIPPINES
Dressée sur la Carte
Espagnole du R.P.
Murillo de Velarde
2e. Feuille
Echelle
I. Calamiane
I. Linacapan
Pointe de l'Assomption
I. Bohol
I. Basilan
Cap du St. Esprit
Cap de St. Augustin
PARTIE
DE L'ISLE
DE BORNEO
Longitude du Meridien de l'Isle de Fer

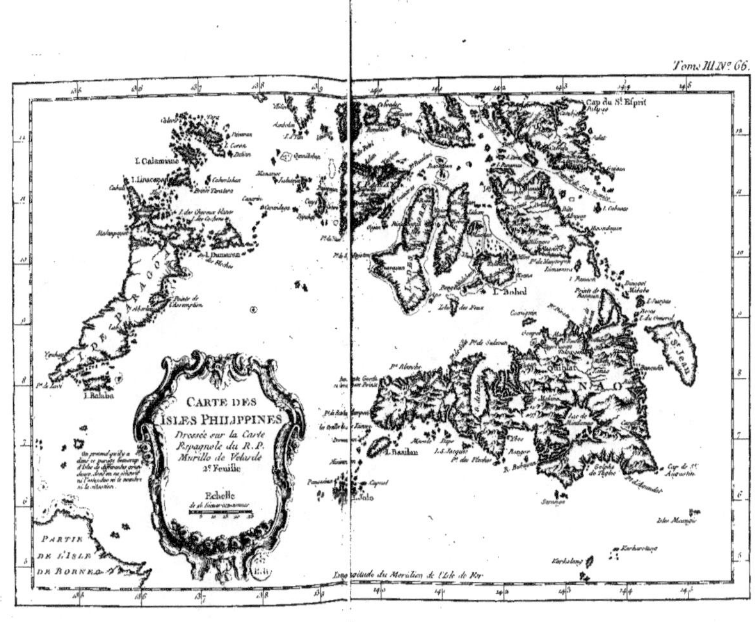

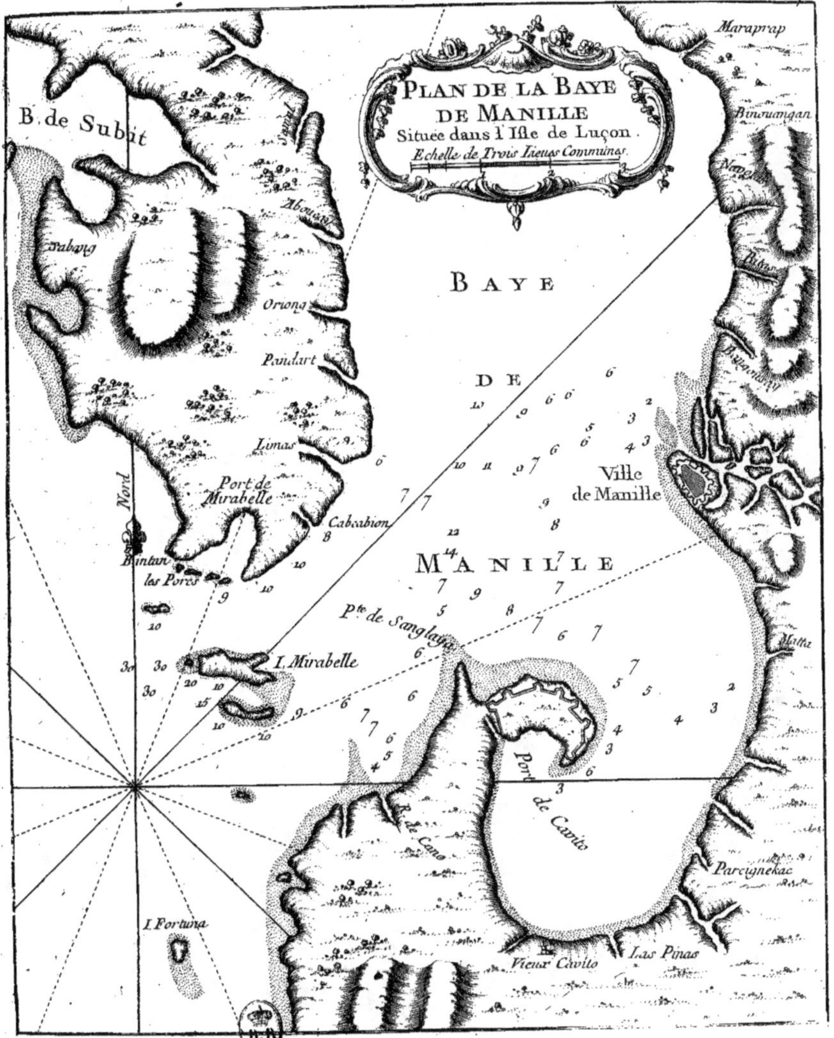
PLAN DE LA BAYE DE MANILLE
Située dans l'Isle de Luçon.
Echelle de Trois Lieues Communes.
BAYE DE MANILLE
B. de Subit
Aboussay
Oriong
Paidart
Limas
Port de Mirabelle
Cabcabion
Bintan
les Pores
I. Mirabelle
Pte. de Sanglaya
Marapnap
Binouangan
Ville de Manille
Malta
Port de Cavito
R. de Cano
Parcignekac
Las Pinas
Vieux Cavito
I. Fortuna
Nord

Tome III. N°. 68.

Carte particuliere des Isles Moluques.
Echelle de Dix Lieues Communes.
I. Ternate
Tacomma ou Fort Willemstal
Taluco
S. Pedro
Malayo ou F. d'Orange
Gammalame
Miterra
Taroula
I. Tidor
Marieco
Petit Marieco
Pottebackers
Fort Nassau
I. Timor ou Mothir
Fort Maurice
Taffaso
I. Machian
Nahaca
Tabillola
Partie de l'Isle de Gilolo
Equateur ou Ligne Equinoctiale
Longitude de l'Isle de Fer
Manen
I. Bachian
Labova
Fort Barnevelt

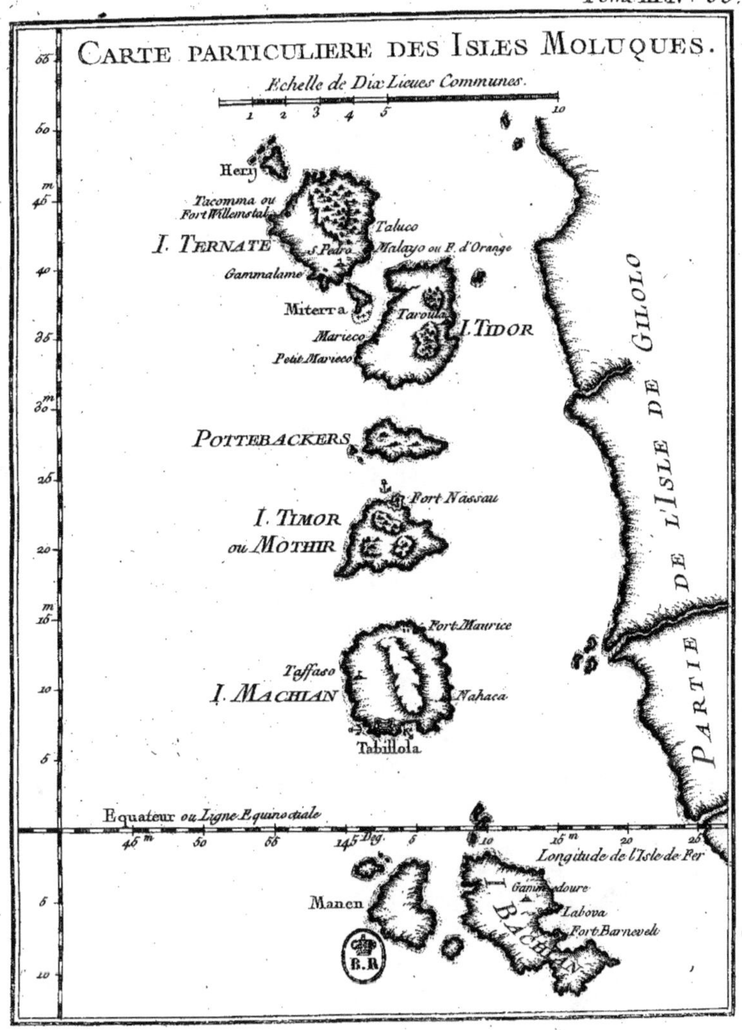

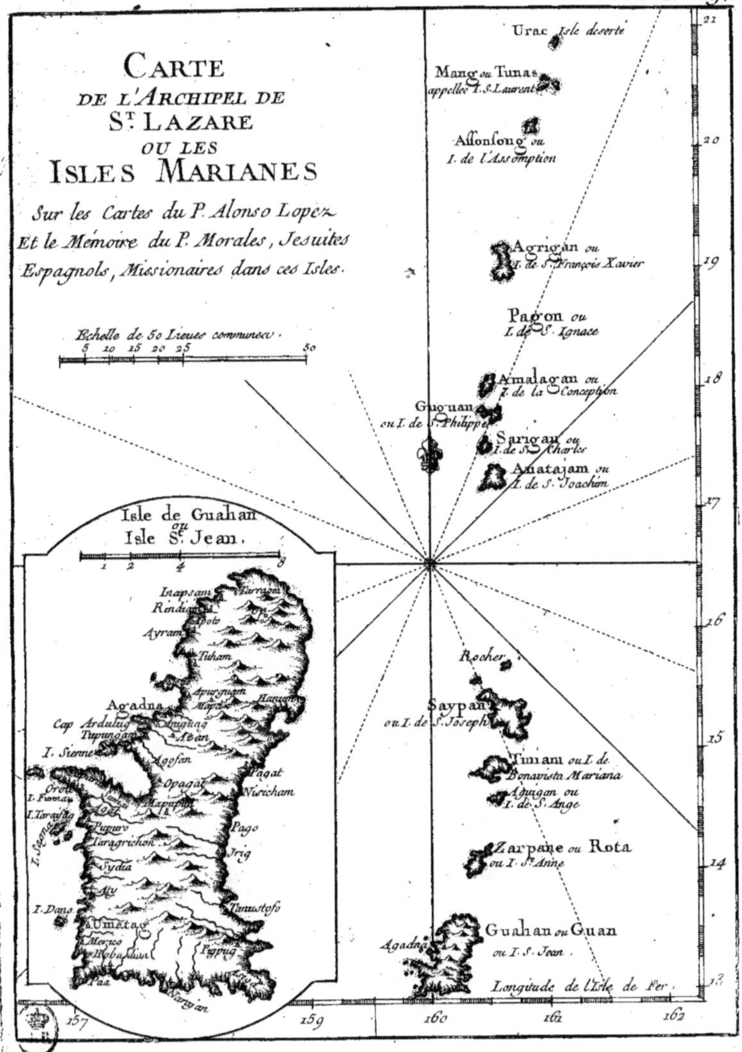
CARTE
DE L'ARCHIPEL DE
ST. LAZARE
OU LES
ISLES MARIANES
Sur les Cartes du P. Alonso Lopez
Et le Mémoire du P. Morales, Jesuites
Espagnols, Missionaires dans ces Isles.
Echelle de 50 Lieues communes.
Urac Isle deserte
Mang ou Tunas appellée I. S. Laurent
Assonsong ou I. de l'Assomption
Agrigan ou I. de S. François Xavier
Pagon ou I. de S. Ignace
Amalagan ou I. de la Conception
Guguan ou I. de S. Philippe
Sarigan ou I. de S. Charles
Anatajam ou I. de S. Joachim
Rocher
Saypan ou I. de S. Joseph
Tinian ou I. de Bonavista Mariana
Aguigan ou I. de S. Ange
Zarpane ou Rota ou I. S. Anne
Guahan ou Guan ou I. S. Jean
Agadna
Longitude de l'Isle de Fer.
Isle de Guahan ou Isle St. Jean.
Agadna
Cap Ardulug
I. Sierne
Tupungan
Agofan
Opagat
Pagat
Nisicham
Pago
Irig
Taragrichon
Sydia
I. Dano
Umatag
Merico
Pigpug
Paa
Nargan
Inapsam
Rendu
Ayram
Tuham
Apurguan
Hanum
I. Farrasta
I. Taragiag

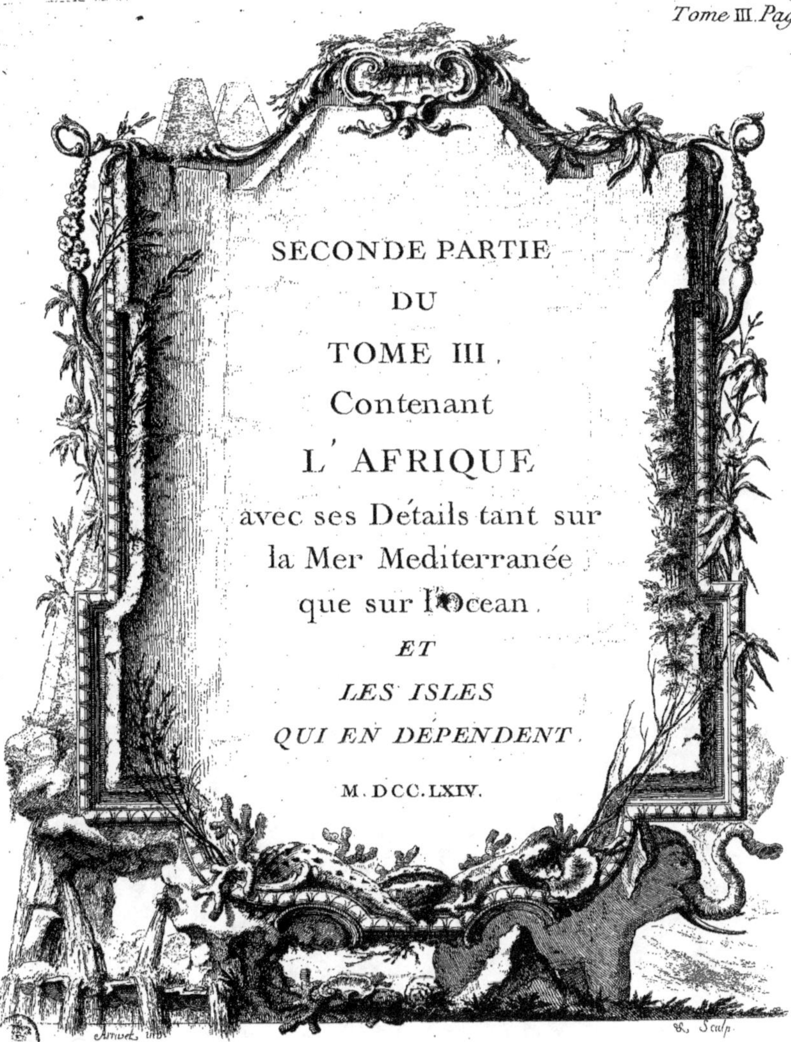

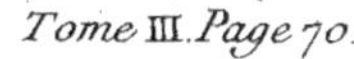

SECONDE PARTIE
DU
TOME III.
Contenant

L'AFRIQUE

avec ses Détails tant sur
la Mer Mediterranée
que sur l'Ocean.

ET

LES ISLES
QUI EN DÉPENDENT.

M.DCC.LXIV.

CARTE DE L'AFRIQUE
Echelle de Cinq Cent Lieues Comunes
100 200 300 400 500
AFRIQUE
MER MEDITERRANEE
SARA ou LE DESERT
Tropique du Cancer
NEGRITIE
GUINEE
ABISSINIE
ZANGUEBAR
Equateur
OCEAN
MERIDIONAL
Tropique du Capricorne
Meridien de Paris
C.t Interieur est inconnu
ARABIE
Arabie Heureuse
Arabie Deserte
PERSE
Mer Noire
Mer Rouge
TURQUIE D'EUROPE
TURQUIE D'ASIE
ESPAGNE
ITALIE
Is. Acores
Is. Canaries
Isles du Cap Verd
I. de Madere
C. Finisterre
Lisboue
Madrid
Det: de Gibraltar
BARBARIE
Alger
Tunis
Tripoli
Sicile
Malte
Candie
Chypre
Corse
Sardaigne
Rome
Naples
Constantinople
Georgie
Armenie
Circassie
Alexandrie
Egypte
Nubie
Dungola
Tombut
Lac de Cayar
R. Senegal
C. Verd
C. Blanc
C. Bojador
Tegasa
Ghana
Bocrar
Kaugo
Karne
Adel
Zendero
Machidas
Mujaco
Mt. de la Lune
Pais Inconnus
Loango
Nimeamay
Ruengas
Congo
Angola
Benguela
Cimbebas
Pais Inconnu
Mayumba
Lac Aquilunda
Lac de Maravi
Mozambique
Monomotapa
Madagascar
I. Bourbon
I de France
I. St. Marie
C. d'Ambre
Mélinde
Pemba
Zanzibar
Monfia
C. del Gado
I. Socotora
Detroit de Babelmandel
C. Gardafui
C. des Basses
Canal de Mozambique
Pays des Hotentots
P. Natal
Rio de Infante
Cap de Bonne Espèrance
Cap des Aiguilles
B. de Saldaigne
B. St. Helene
C. das Voltas
Cap Negre
R. Coanza
I. Annobon
I. St. Thomé
I. du Prince
I. Fernando Po
C. de Lopez Gonsalvo
C. des 3 Pointes
C. de Palme
C. Mesurado
I de l'Ascension
I. St. Helene
I. de Tristan d'Acogna
Ispahan
Bender
Basra
Medine
Moka
Aden
Yemen
Oman
Syrie
Lac Sibaha
Alep
Porto Santo
Maroc
Canarie
Tenerife

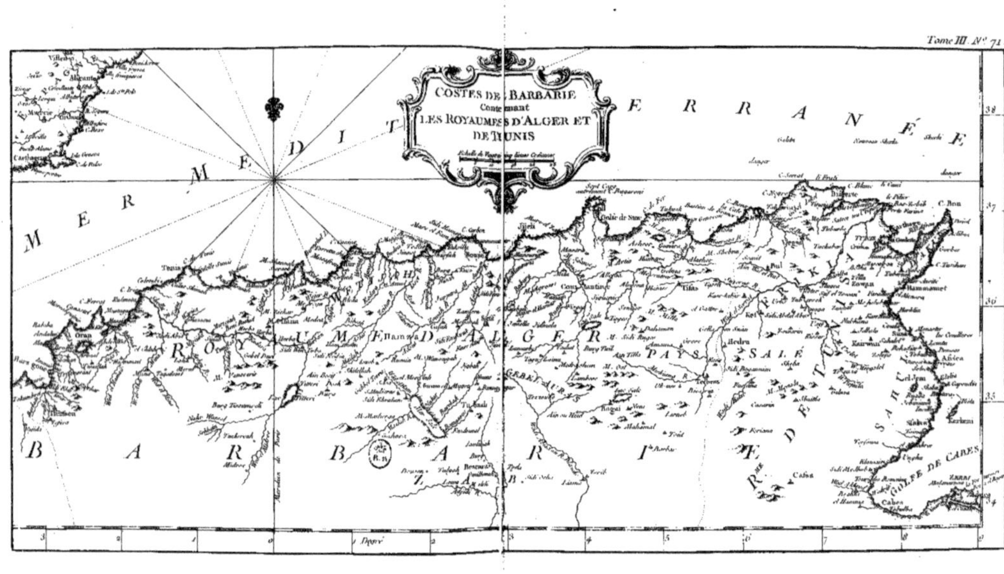
Tome III. N° 71.
COSTES DE BARBARIE
Contenant
LES ROYAUMES D'ALGER ET
DE TUNIS
MER MEDITERRANÉE
ROYAUME D'ALGER
PAYS SALÉ
BARBARIE
GOLFE DE CABES
Constantine
Oran
Tunis
Degré

Tome III. N°. 72

LA MÉDITERRANÉE
DÉTROIT DE GIBRALTAR
Gibraltar
Pointe d'Europe
Tour du Diable
Batterie de Tunaca
Batterie de S.t Antoine
Plage de Malbaye
Lignes des Espagnols
Village de S.t Roch
BAYE DE GIBRALTAR
Point de Fond
Cap Carnero
la Perle
la Pierre Noire
Tour de Fontanillas
Tour d'entre les Rios
Algesiras
Anse de Getares
Tariffe
Isle de Tariffe
Baye de Tariffe
Tour de Garde
Cap de la Plata
Cap Marinal
Nord
Riviere de Barbat
Chateau de Bortao
Tour de la Meca
Conil
Cap Trafalgar
Bas fond de Trafalgar
La Seitera
Montagne
Tour de Ceute
Maisons des habitans
Ceute
Baye de Ceute
Baye Castelleyo
Mont au Singe
la Montagne des Abeilles
I. Coud ou des Lapins
Baye du Prince Robert
Alcassar
Baye des Vaches
Cap Malabare ou Mollabata
Vieux Tanger
Tanger
Fort Charles
Riviere des Juifs
Trou des Pigeons
Le Petit Moine
Le Grand Moine
Petite Montagne Blanche
Dunes
Cap Spartel
Baye de S. Jeremie
COSTE DE BARBARIE
CARTE DU DÉTROIT DE GIBRALTAR.
Echelle de Quatre Lieues communes.

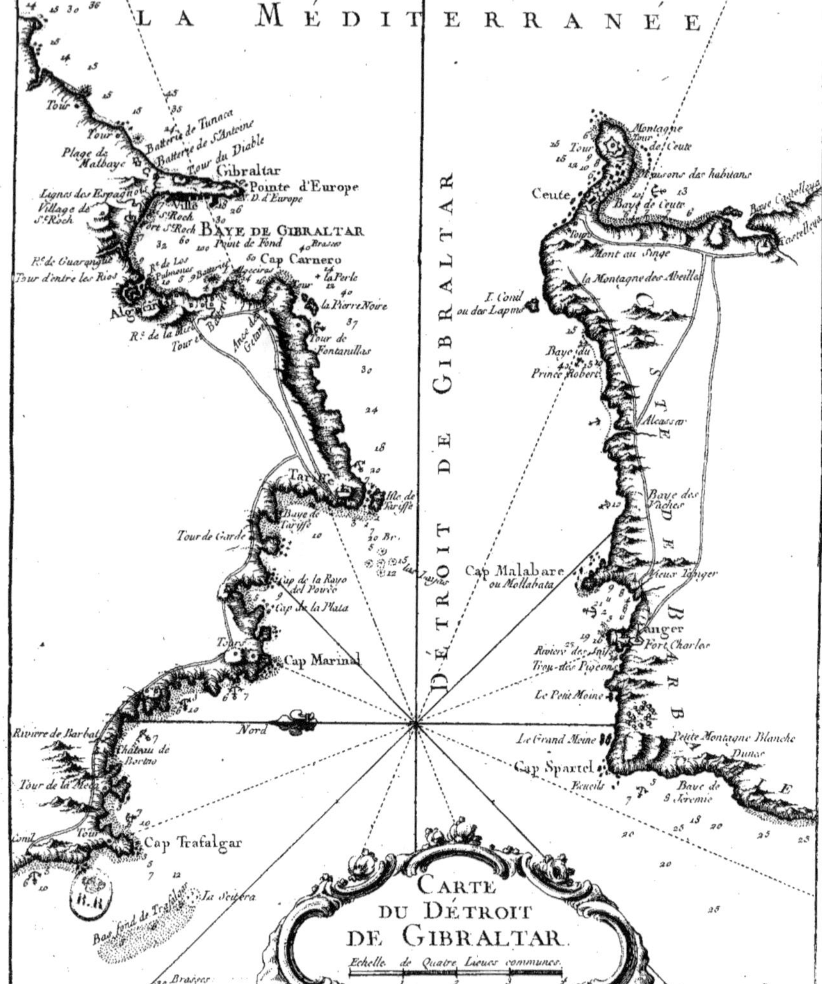

Tome III. N°. 73.

RADE ET VILLE
DE
CEUTE
Echelle de Huit cent Toises.
100
400
800
Mont de Ceute
Tour
Tour
Tour Sentinelle
Ancienne Ceute
MER
Mouillage des Vaisseaux
MEDITERRANÉE
Enceinte de la Montagne
Maisons des Habitans
l'Eveché
Maison du Gouverneur
Pont
CEUTE
MER MEDITERRANÉE
Terre Ferme

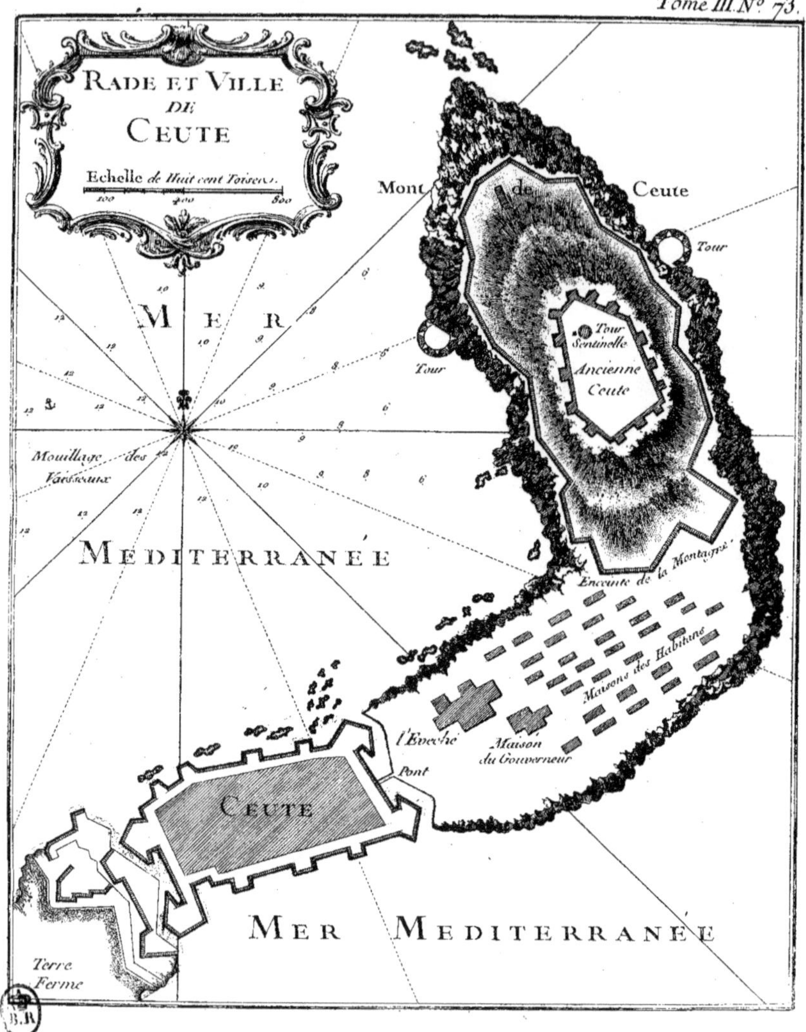

Tome III. N° 74.

PLAN DE LA VILLE DE MELLILA.
A. Maison du Gouverneur.
B. Eglise de la Conception.
C. Magasin General.
D. Magasin à Poudre.
E. Saint Antoine.
Echelle de Soixante Toises.
10 20 30
MER MEDITERRANÉE
COSTE DE BARBARIE
Le Galapago
Petit Port où se mettent les Barques de la Place

PLAN D'ORAN
et ses Environs
Echelle d'une Lieue Commune
1 L
Fort St. Philippe
Fort St. Andre
Oran
Fort Ste. Croix
Fort St. Gregoire
Ruisseau
Pointe de la Monne
Nord
MER MEDITERRANÉE

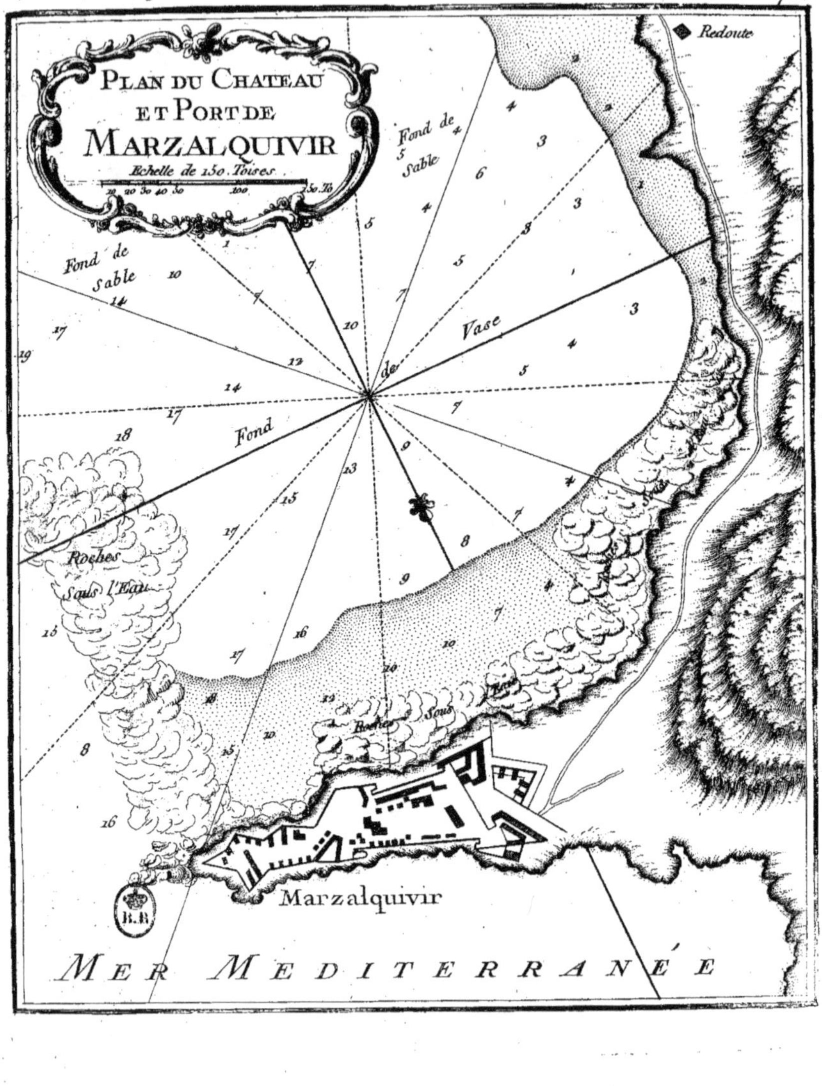

PLAN DU CHATEAU ET PORT DE MARZALQUIVIR

Echelle de 150 Toises

10 20 30 40 50 100 150 To.

Redoute

Fond de Sable

Fond de Vase

Roches Sous l'Eau

Roches Sous l'Eau

Marzalquivir

MER MEDITERRANÉE

Tome III. N°. 77

MER MEDITERRANÉE
Nord
Cap Cafsine
Fort Anglois
Fort de Babaxon
Battoirie
Fort du Tagarvis
Mouillage du Cap Matifou
Cap Matifou
BAYE D'ALGER
PLAN
DE LA BAYE D'ALGER
et ses Environs.
Echelle d'une Lieue commune.
B.R.

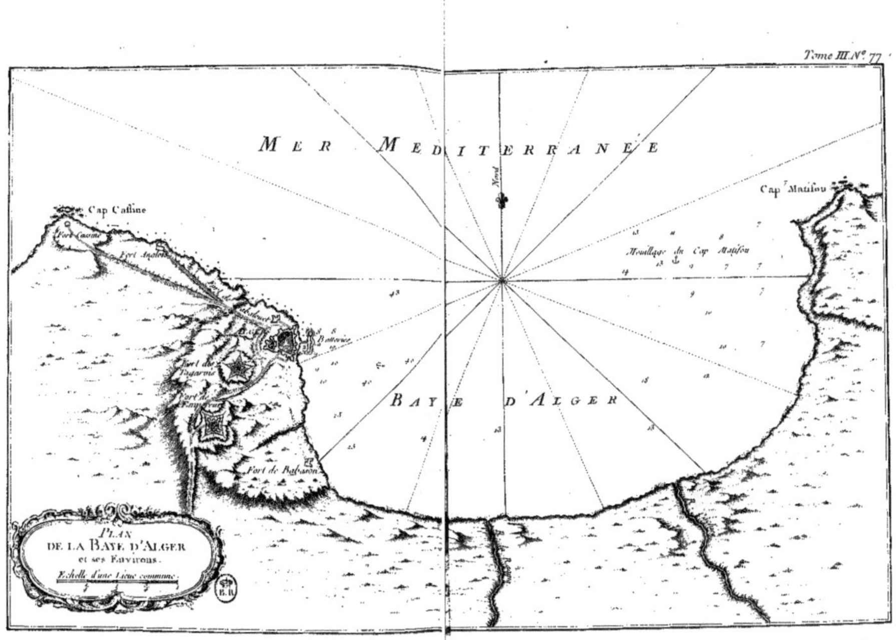

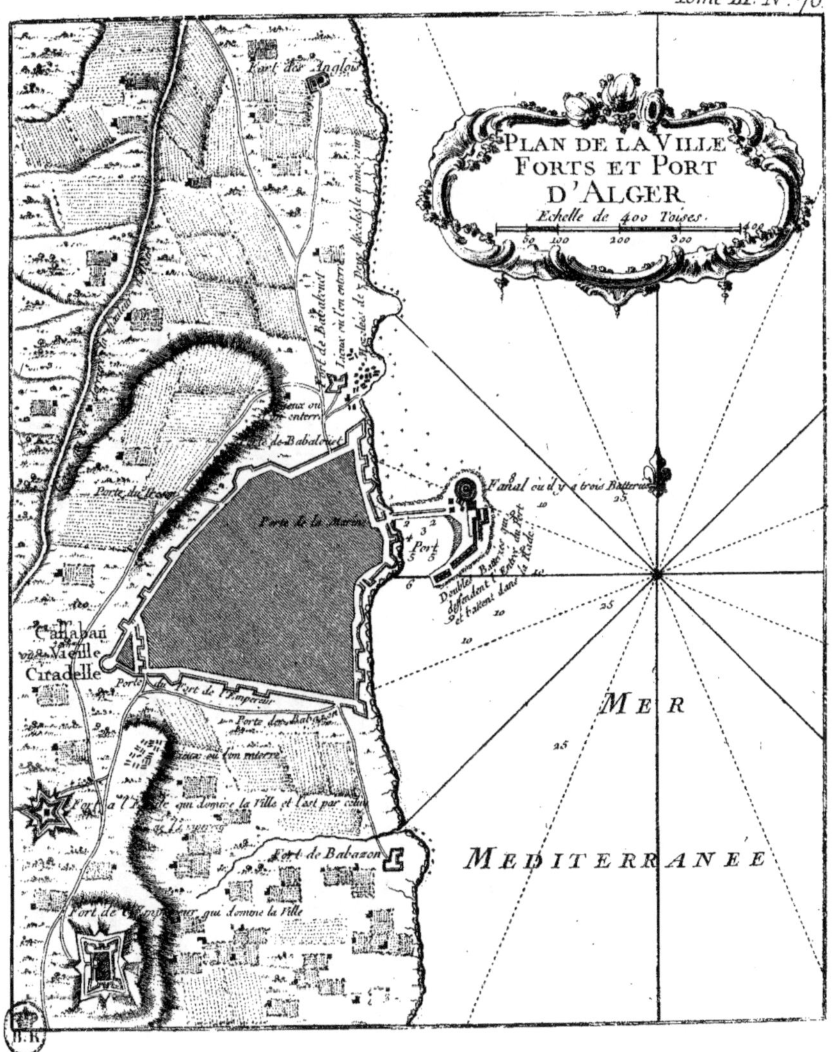
PLAN DE LA VILLE
FORTS ET PORT
D'ALGER
Echelle de 400 Toises.
50 100 200 300 400
Fort des Anglois
Fort de Babaloued
Porte de Babaloued
Porte de la Marine
Port
Fanal ou il y a trois Batteries
Doubles Batteries qui deffendent l'Entrée du Port et battent dans la Rade
Porte du Fort de l'Empereur
Porte de Babazon
Fort de Babazon
Fort de l'Empereur qui domine la Ville
Cassaban Vieille Citadelle
MER
MEDITERRANEE

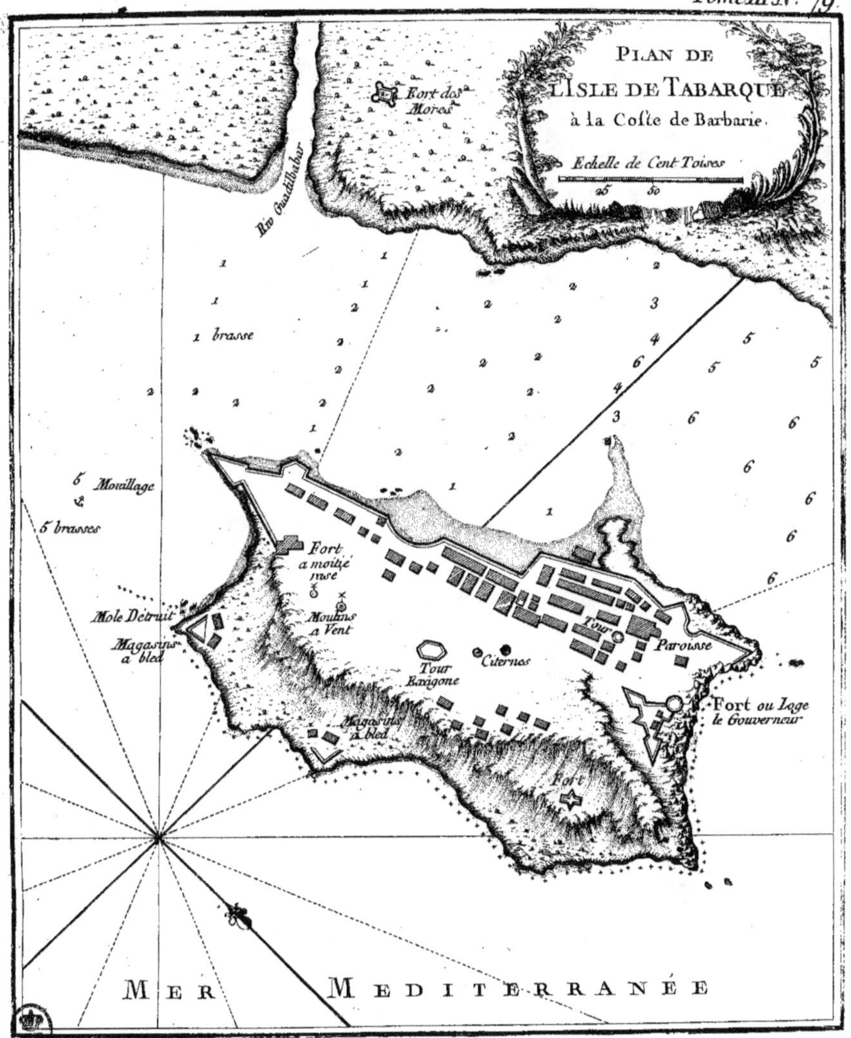
PLAN DE
L'ISLE DE TABARQUE
à la Coste de Barbarie.
Echelle de Cent Toises
25 50
Fort des Mores
Rio Guadilbabar
1 brasse
6 Mouillage
5 brasses
Fort a moitié rasé
Moulins a Vent
Mole Détruit
Magasins a bled
Tour Exagone
Citernes
Tour
Paroisse
Fort ou Loge le Gouverneur
Magasins a bled
Fort
MER MEDITERRANÉE

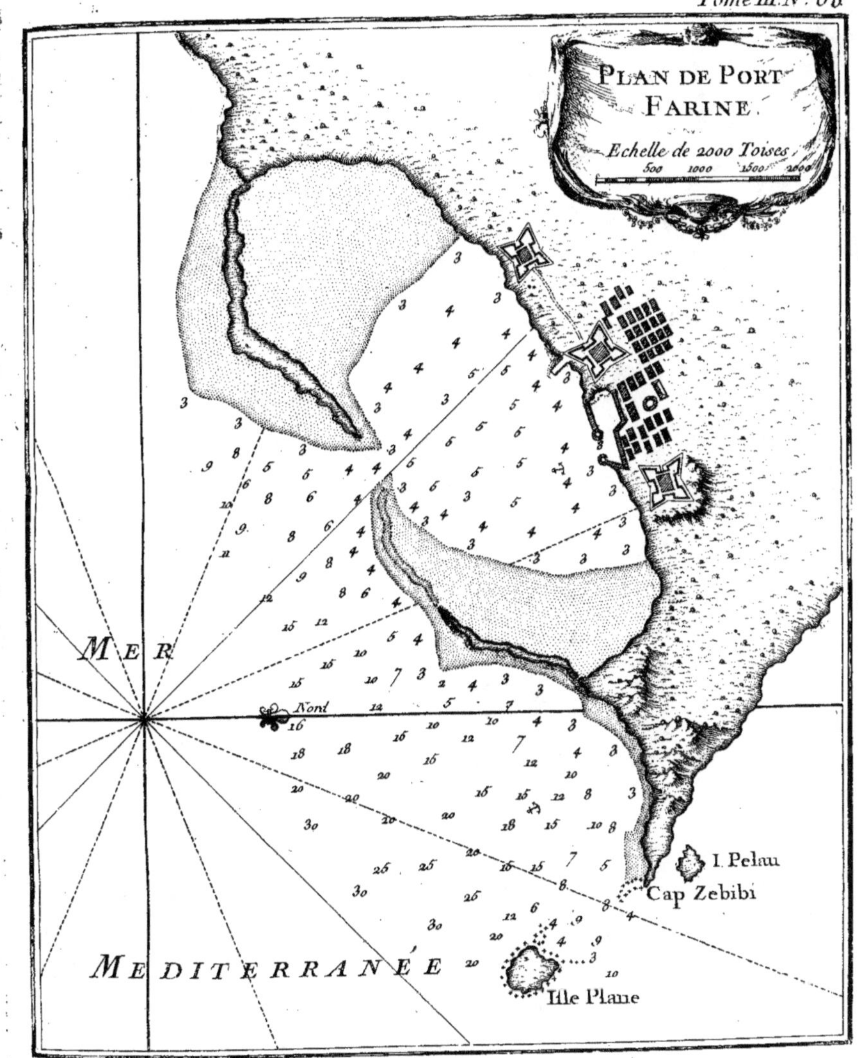
PLAN DE PORT
FARINE.
Echelle de 2000 Toises
500 1000 1500 2000
MER
MEDITERRANÉE
Nord
I. Pelau
Cap Zebibi
Isle Plane

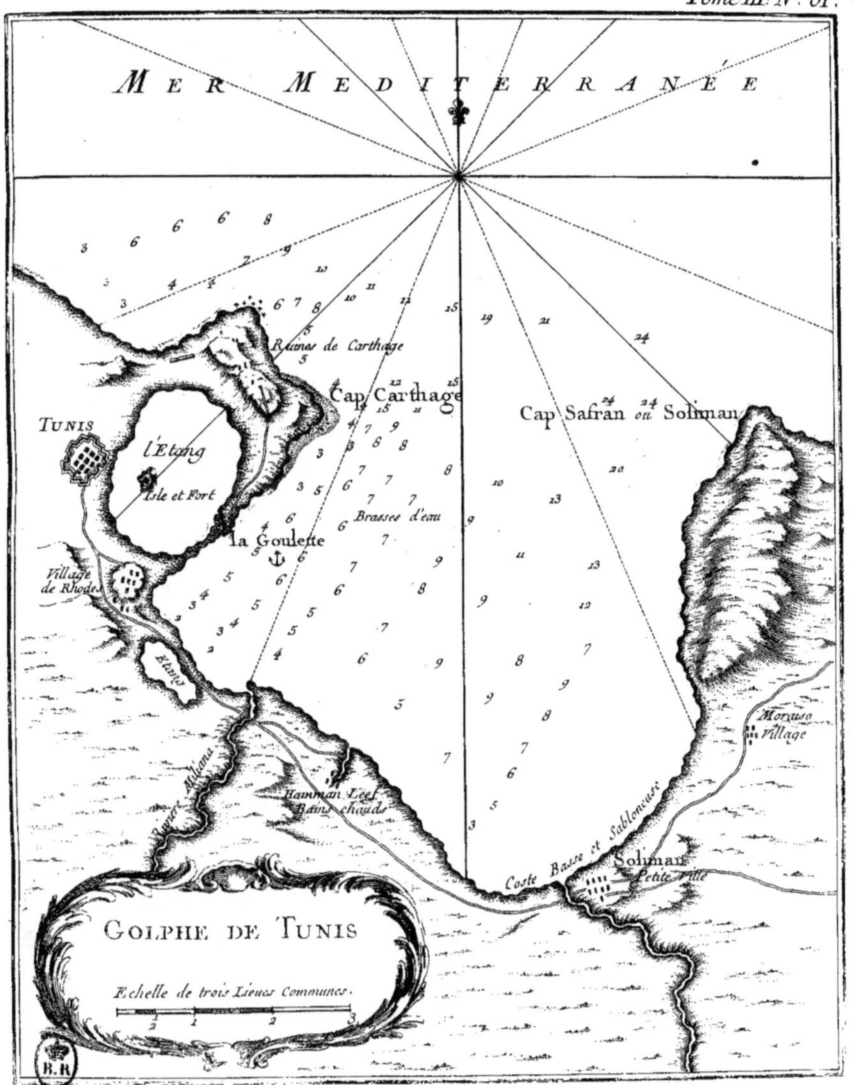

MER MEDITERRANÉE
Ruines de Carthage
Cap Carthage
Cap Safran ou Soliman
TUNIS
l'Etang
Isle et Fort
la Goulette
Brasses d'eau
Village de Rhodes
Etang
Hamman Leef Bains chauds
Morauso Village
Coste Basse et Sablonceuse
Soliman Petite Ville
GOLPHE DE TUNIS
Echelle de trois Lieues Communes.

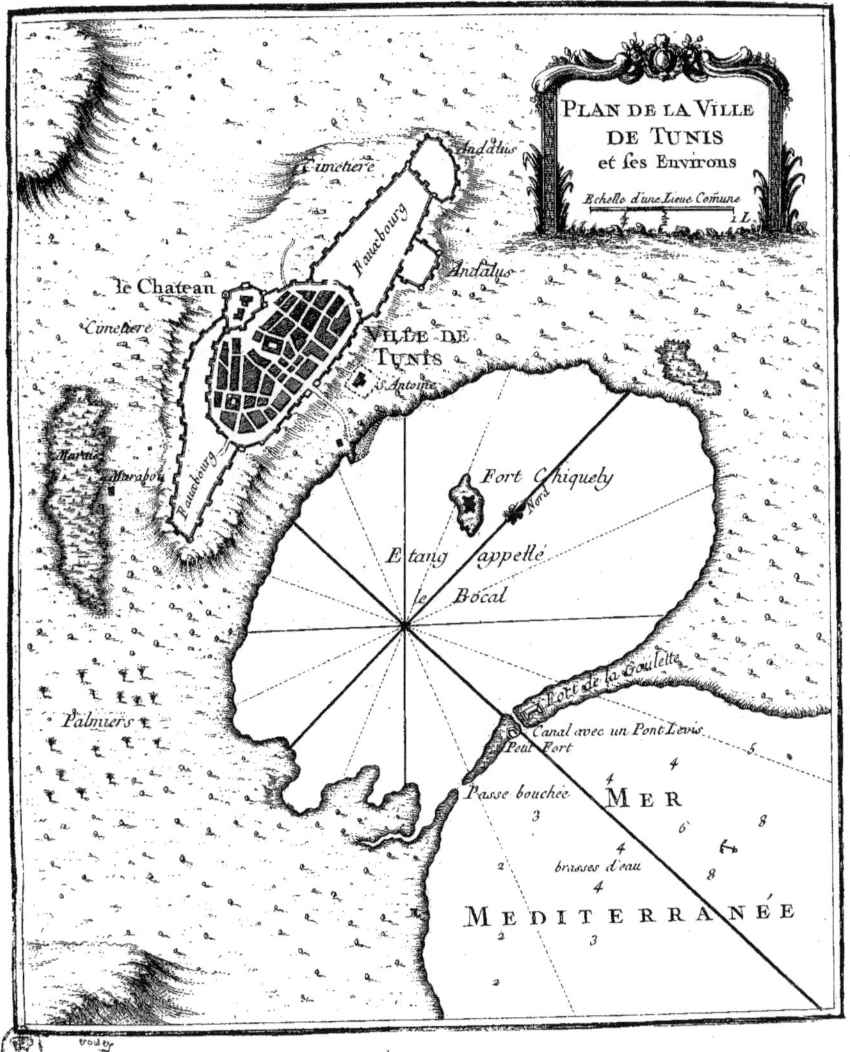
PLAN DE LA VILLE
DE TUNIS
et ses Environs
Echelle d'une Lieue Comune
1 L.
Cimetiere
Andalus
Fauxbourg
Andalus
le Chateau
Cimetiere
VILLE DE
TUNIS
S. Antoine
Marabou
Fauxbourg
Fort Chiquely
Nord
Etang appellé
le Bocal
Palmiers
Fort de la Goulette
Canal avec un Pont Levis
Petit Fort
Passe bouchée
MER
brasses d'eau
MEDITERRANÉE

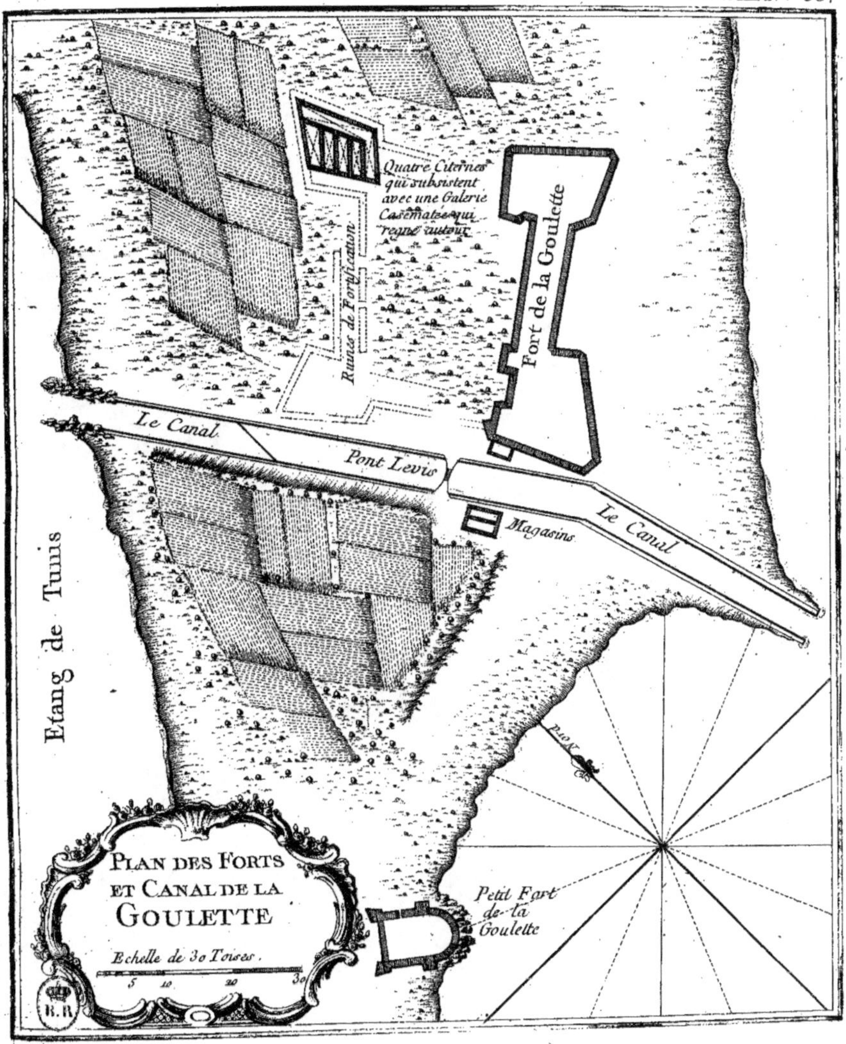
Quatre Citernes qui subsistent avec une Galerie Casematée qui regne autour
Fort de la Goulette
Ruines de Fortification
Le Canal
Pont Levis
Magasins
Le Canal
Etang de Tunis
Nord
PLAN DES FORTS ET CANAL DE LA GOULETTE
Echelle de 30 Toises.
5 10 20 30
Petit Fort de la Goulette

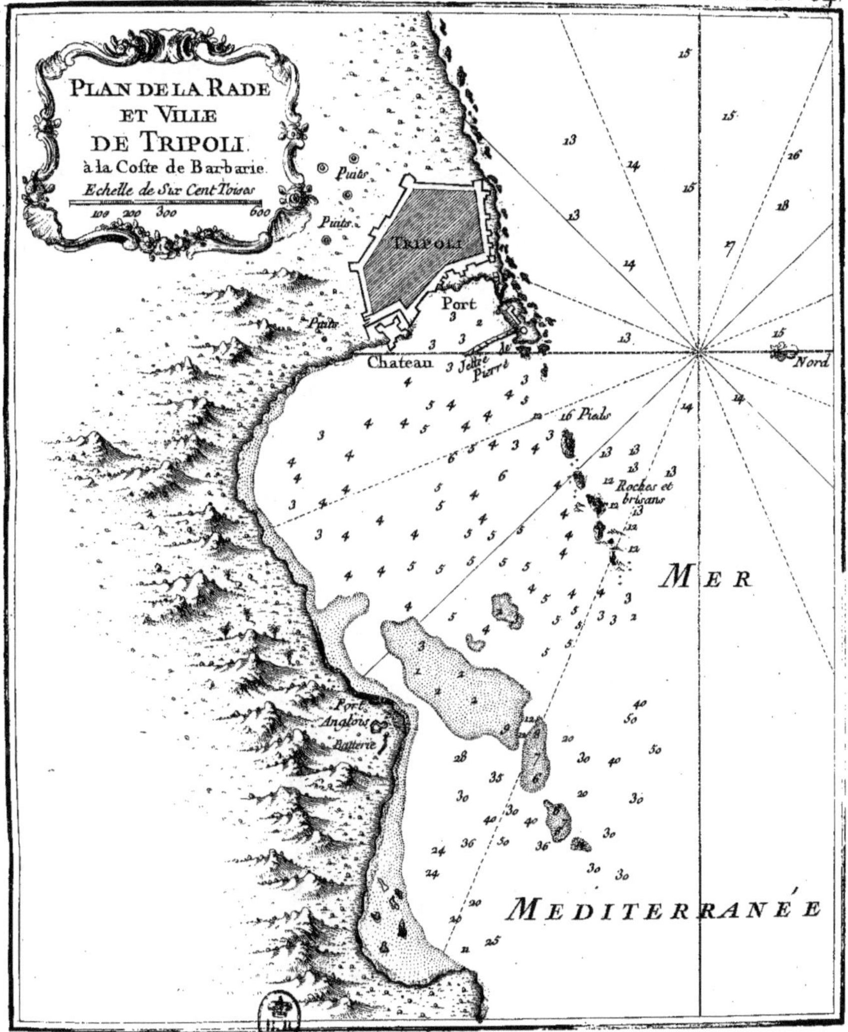

PLAN DE LA RADE
ET VILLE
DE TRIPOLI
à la Coste de Barbarie

Echelle de Six Cent Toises

100 200 300 600

Puits
Puits
Puits
TRIPOLI
Port
Chateau
Jettée Pierré
Piels
Roches et brisans
Nord
MER
Port Anglois
Batterie
MEDITERRANÉE

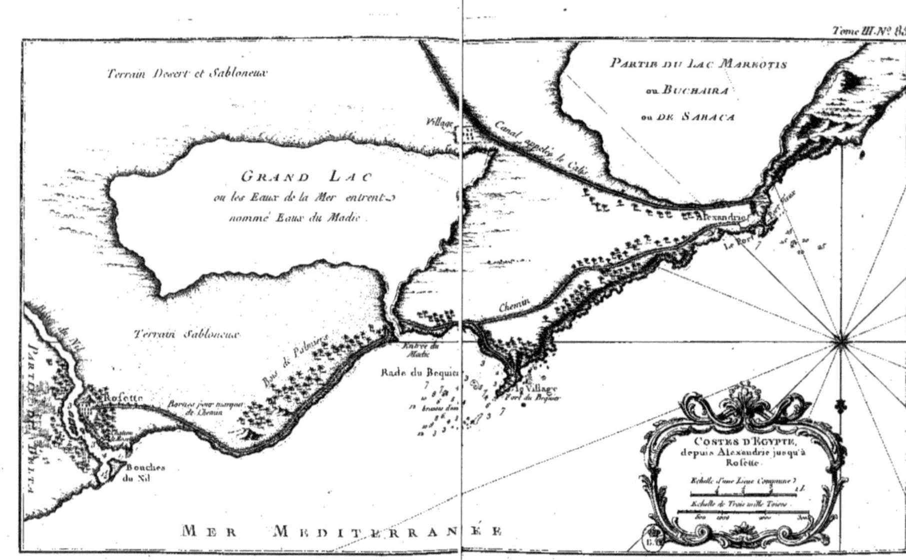
Terrain Desert et Sabloneux
GRAND LAC
ou les Eaux de la Mer entrent
nommé Eaux du Madie
Village
Canal appelée le Calic
PARTIE DU LAC MAREOTIS
ou BUCHAIRA
ou DE SARACA
Alexandrie
Le Port
Chemin
Terrain Sabloneux
Bois de Palmiers
Entrée du Madie
Rade du Bequier
Village
Fort du Bequier
Rosette
Bornes pour marquer de Chemin
Bouches du Nil
PARTIE DU DELTA
MER MEDITERRANÉE
CÔTES D'EGYPTE,
depuis Alexandrie jusqu'à
Rosette.

Tome III. N° 86.

PLAN DES PORTS
ET VILLE
D'ALEXANDRIE.
Echelle de Quatre Cent Toises.
100 200 300
ENCEINTE
DE
L'ANCIENNE
ALEXANDRIE
le Petit Feraillon
Dangers
Le Nouveau
Port
7 brasses d'eau
le Groste Ecueil
Ecueil le Diamant
le Poivre Danger
le Grand Feraillon
Colonne de Pampeé
Partie du Calis Canal
Partie
du Lac
Maretis
la Douane
de l'Ancien Port
Le Vieux Port
6 brasses d'eau
Entrée du Vieux Port
B.R

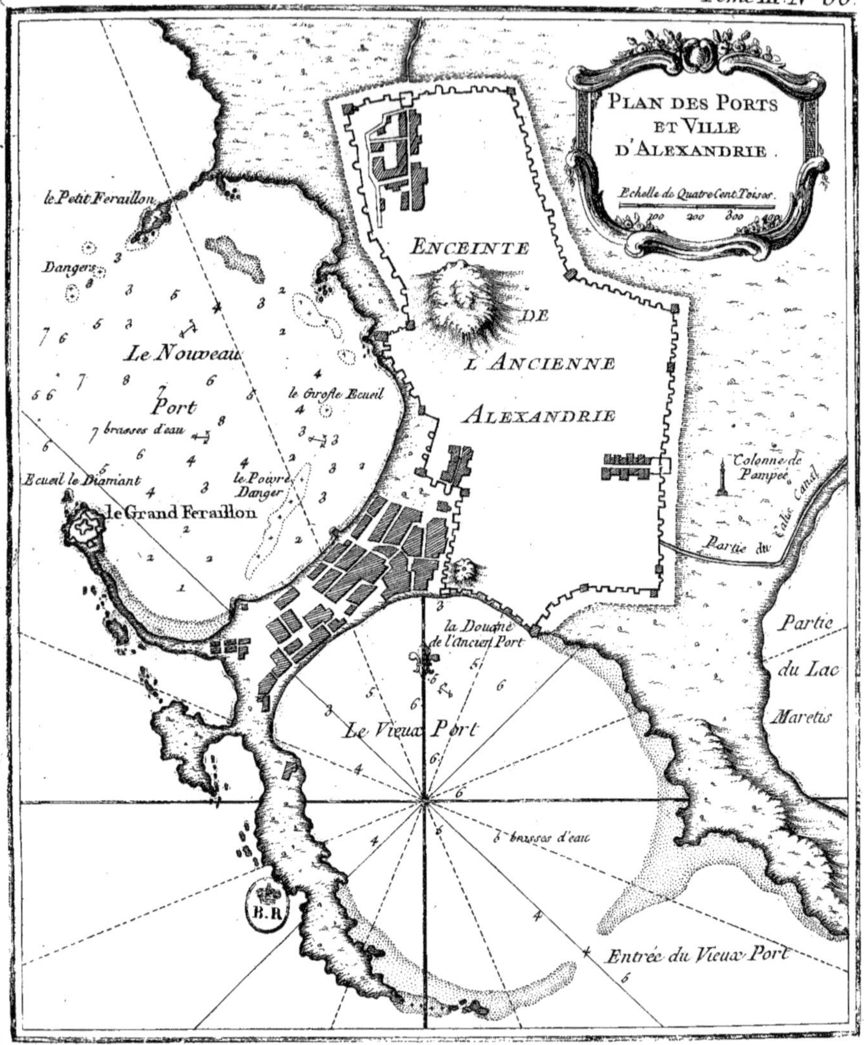

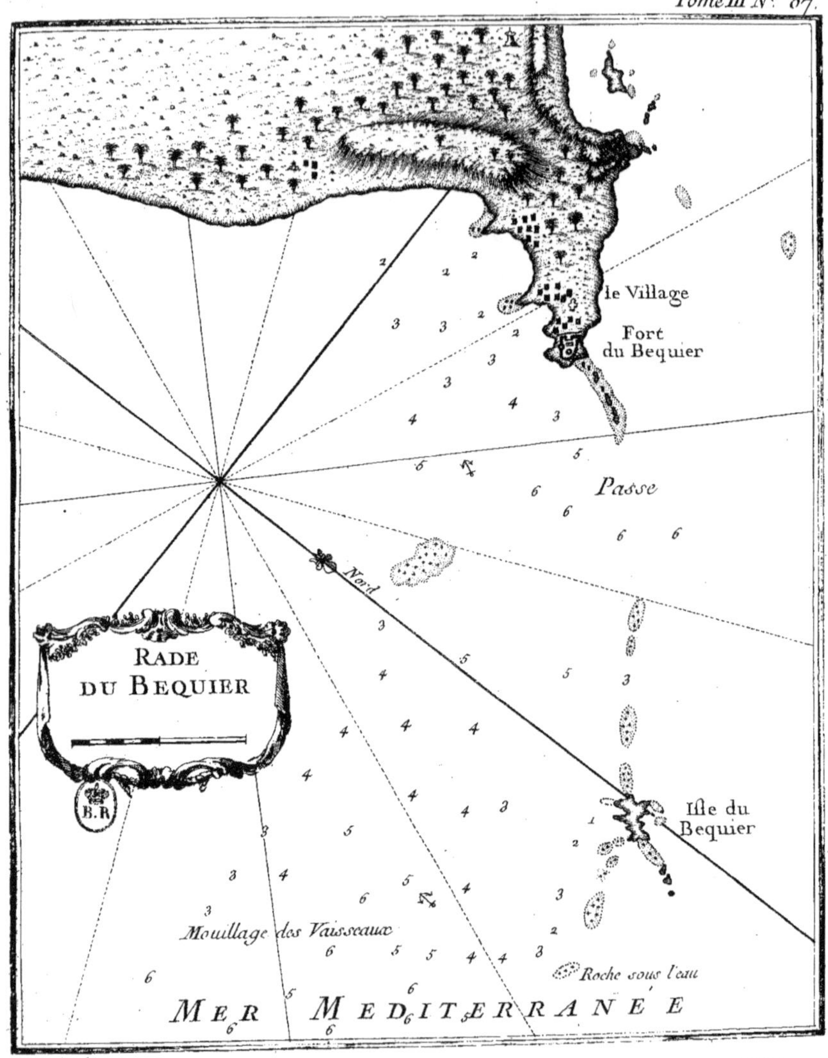
RADE
DU BEQUIER
B.R.
le Village
Fort
du Bequier
Passe
Nord
Isle du
Bequier
Mouillage des Vaisseaux
Roche sous l'eau
MER MEDITERRANÉE

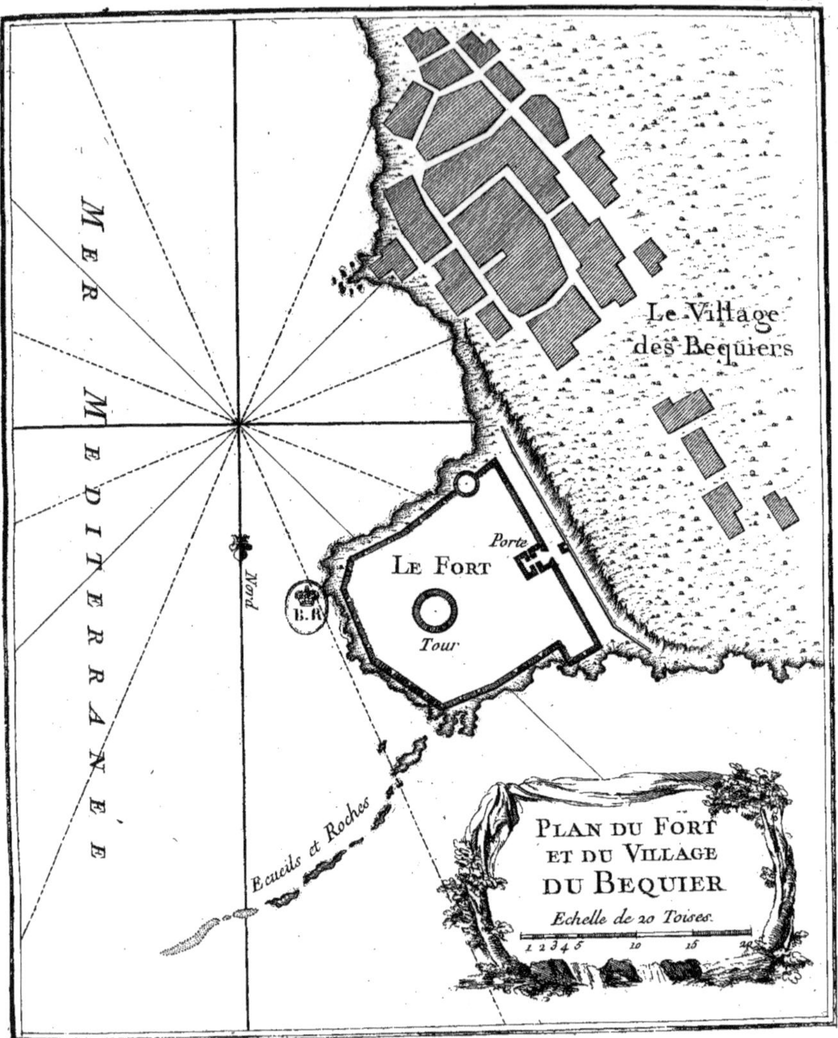
MER MEDITERRANEE
Le Village des Bequiers
Porte
LE FORT
Tour
Nord
B. R.
Ecueils et Roches
PLAN DU FORT ET DU VILLAGE DU BEQUIER
Echelle de 20 Toises.
1 2 3 4 5 10 15 20

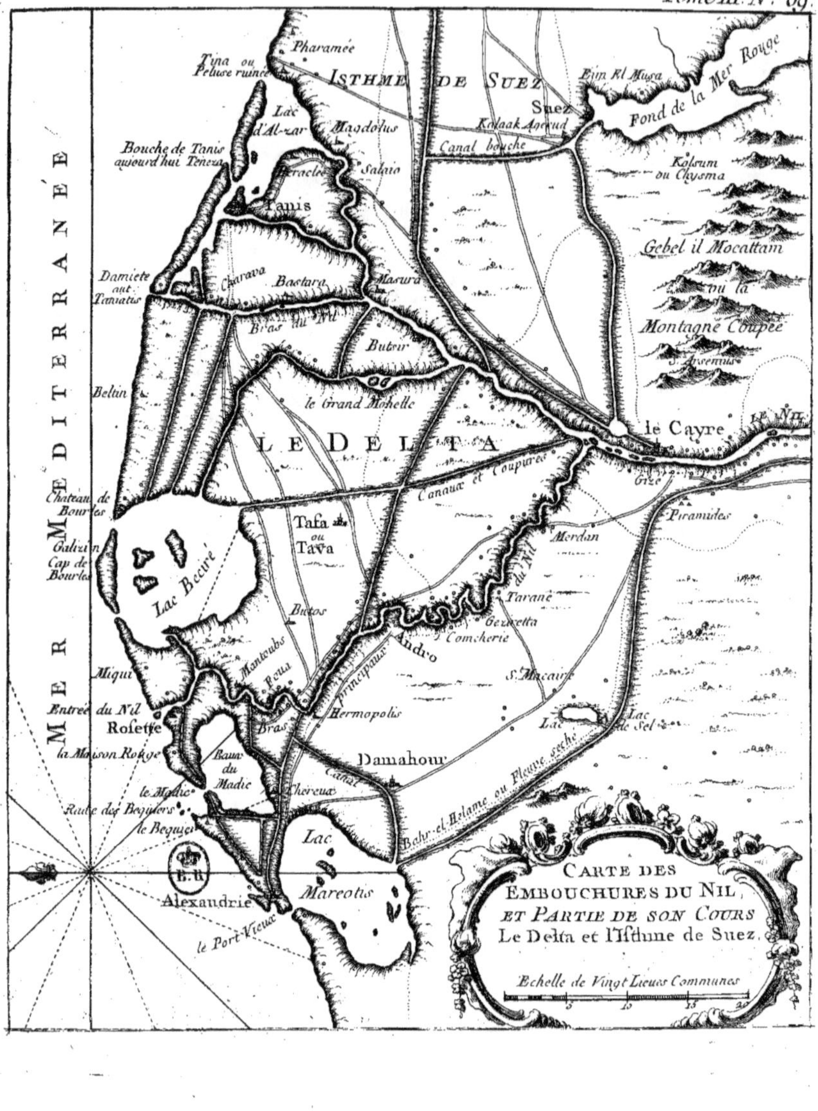

Carte des
Embouchures du Nil,
et Partie de son Cours
Le Delta et l'Isthme de Suez.
Echelle de Vingt Lieues Communes
5
10
15
20
Mer Méditerranée
Isthme de Suez
Pharamée
Tina ou Peluse ruinée
Lac d'Al-zar
Magdolus
Salaio
Bouche de Tanis aujourd'hui Teneza
Heraclée
Tanis
Suez
Ain El Musa
Fond de la Mer Rouge
Kalaak Agerud
Canal bouche
Kolsum ou Chysma
Gebel il Mocattam ou la Montagne Coupée
S. Arsenius
Damiete aut. Tamiatis
Charava
Bastara
Masura
Bras du Nil
Butrir
Beltin
le Grand Mohelle
Le Delta
le Cayre
Le Nil
Canaux et Coupures
Gize
Piramides
Chateau de Bourles
Galizin
Cap de Bourles
Lac Becire
Tafa ou Tava
Mordan
Tarane
Butos
Gezuretta
Comcherie
Andro
Mantoubs
Roua
Principaux
Hermopolis
S. Macaire
Migui
Entrée du Nil
Rosette
la Maison Rouge
Bras
Lac
Lac de Sel
Damahour
Baux du Madie
le Madie
Rade des Bequiers
le Bequier
Chereux
Canal
Behr-el-Belame ou Fleuve seché
Lac Mareotis
Alexandrie
le Port Vieux

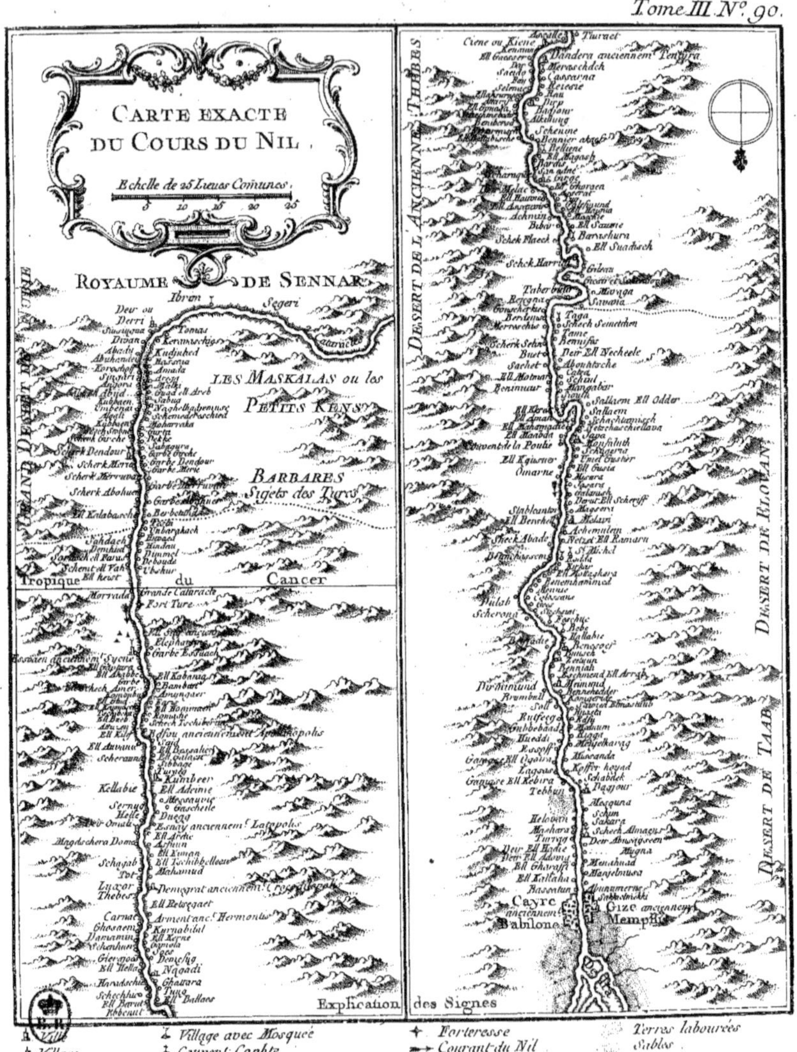
CARTE EXACTE
DU COURS DU NIL.
Echelle de 25 Lieues Comunes.
5 10 15 20 25
ROYAUME DE SENNAR
LES MASKALAS ou les
PETITS KENS
BARBARES
Sujets des Turcs
Tropique du Cancer
Luxor
Thebes
DESERT DE L'ANCIENNE THEBES
Dandera anciennem. Tentyra
DESERT DE ELOUAN
DESERT DE TAAB
Cayre
anciennem.
Babilone
Gize anciennem.
Memphis
Explication des Signes
Ville
Village
Village avec Mosquée
Couvent Cophte
Forteresse
Courant du Nil
Terres labourées
Sables

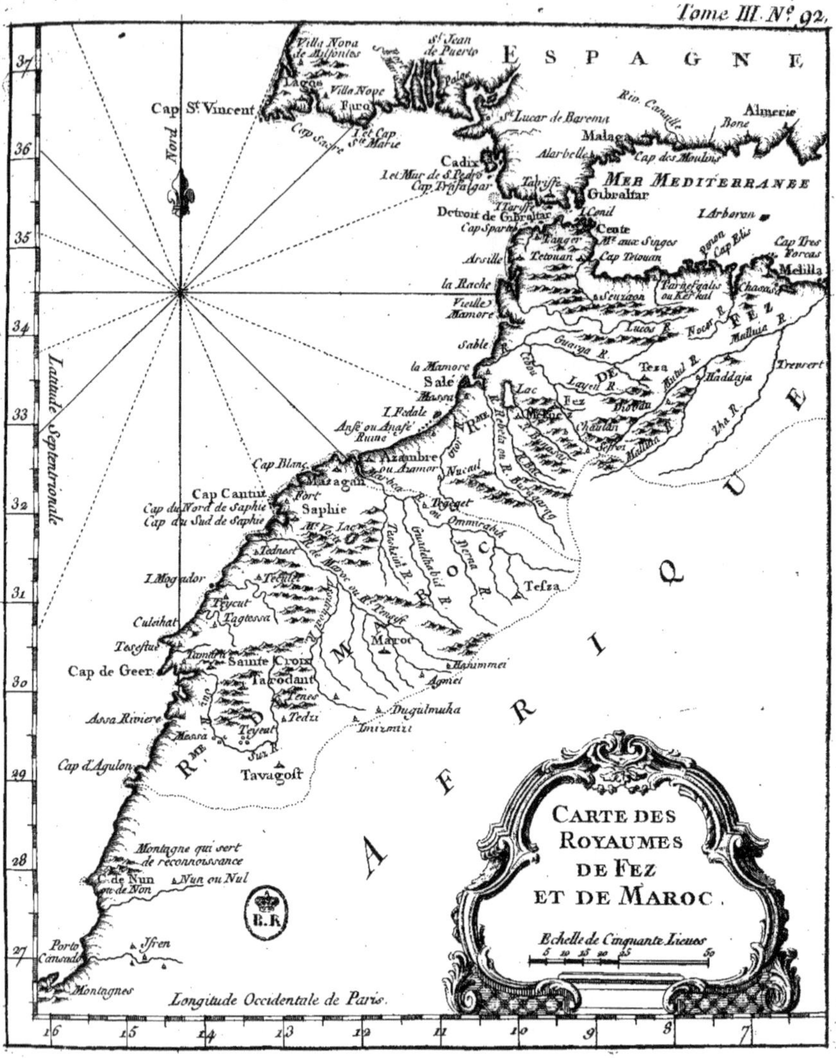

CARTE DES ROYAUMES DE FEZ ET DE MAROC.

Echelle de Cinquante Lieues

5 10 15 20 25 50

ESPAGNE

MER MEDITERRANEE

AFRIQUE

Cap St. Vincent

Villa Nova de Milfontes

Lagos

Villa Nove

Faro

St. Jean de Puerto

Cap Sacre

I. et Cap Ste. Marie

St. Lucar de Barema

Cadix

I. et Mur de S. Pedro

Cap Trafalgar

Malaga

Alarbelle

Almerie

Bone

Rio Canaille

Cap des Moulins

Tariffe

Gibraltar

I. Tariffe

Detroit de Gibraltar

Cap Spartel

I. Conil

Ceute

Mt. aux Singes

Cap Tetouan

Tanger

Tetouan

I. Arboran

Cap Tres Forcas

Melilla

Arsille

la Rache

Vieille Mamore

Sable

la Mamore

Salé

Massa

I. Fedale

Anfé ou Anafé Ruine

Azambre ou Azamor

Cap Blanc

Mazagan

Cap Cantin

Cap du Nord de Saphie

Cap du Sud de Saphie

Fort

Saphie

I. Mogador

Culeihat

Tesestue

Cap de Geer

Assa Riviere

Cap d'Agulon

Tarodant

Sainte Croix

Tavagost

Maroc

Tesza

Teza

Fez

Mequinez

Lucos R.

Nocor R.

Mullua R.

Trevsert

Haddaja

Zha R.

ROYAUME DE FEZ

ROYAUME DE MAROC

Montagne qui sert de reconnoissance

Cap de Nun ou de Non

Nun ou Nul

Porto Cansado

Ifren

Montagnes

Nord

Latitude Septentrionale

37 36 35 34 33 32 31 30 29 28 27

Longitude Occidentale de Paris.

16 15 14 13 12 11 10 9 8 7

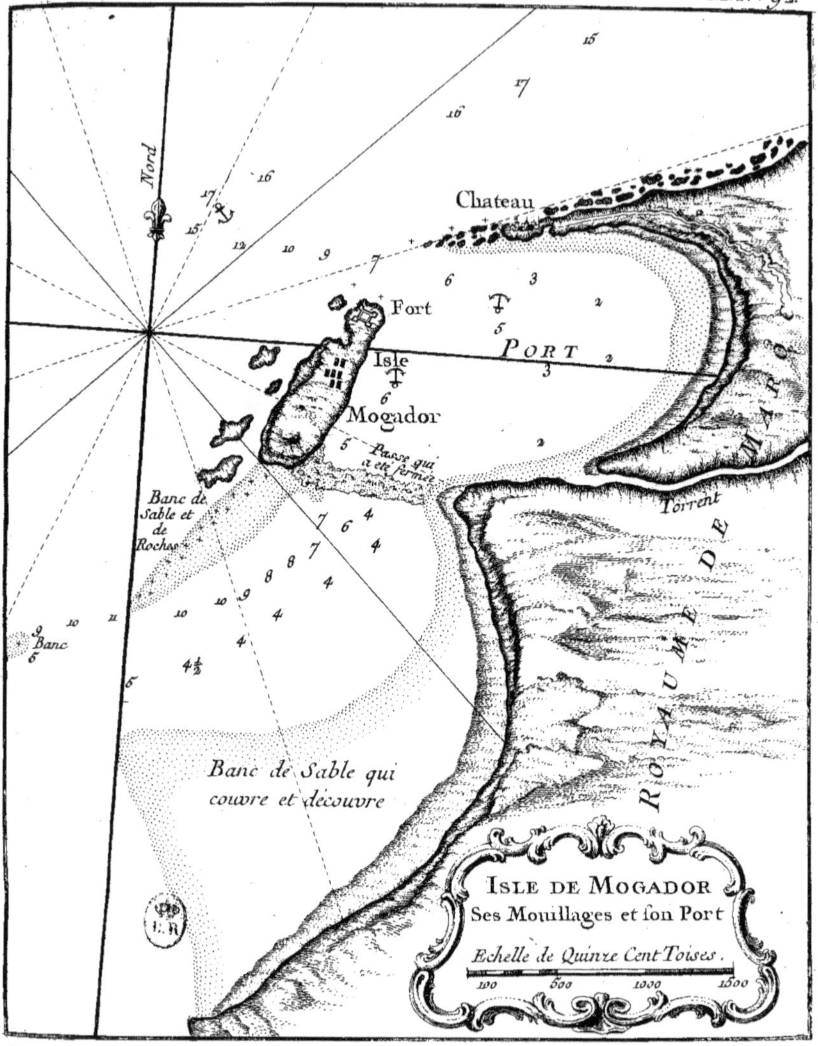

ISLE DE MOGADOR
Ses Mouillages et son Port

Echelle de Quinze Cent Toises.

100 500 1000 1500

Nord

Chateau

Fort

Isle Mogador

PORT

Passe qui a eté fermée

Torrent

ROYAUME DE MAROC

Banc de Sable et de Roches

Banc

Banc de Sable qui couvre et découvre

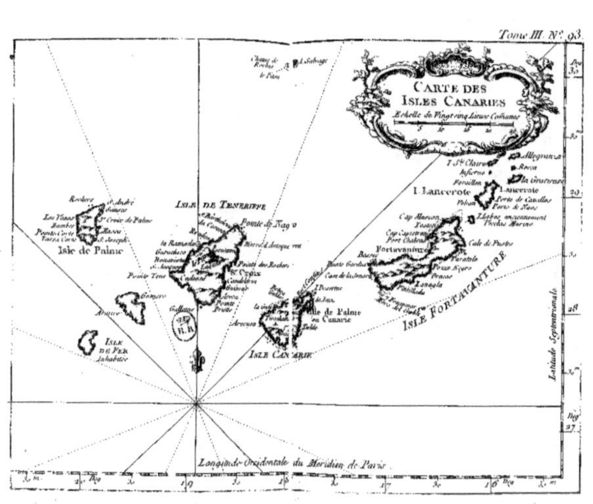
Tome III. N° 93.
CARTE DES
ISLES CANARIES
Echelle de Vingt cinq Lieues Communes
Allegranza
Roca
I. Lancerote
Porto de Cavallos
Cap Manson
Cale de Pustre
Fortavanture
Isle de Palme
Isle de Teneriffe
Pointe de Nago
Ste Croix
Gomero
Isle de Fer
Inhabitée
Isle Canarie
Isle Fortavanture
Latitude Septentrionale
Longitude Occidentale du Meridien de Paris

CARTE DE L'ISLE DE TENERIFFE

Suivant les Observations Astronomiques

Et les Journaux de Navigateurs

Echelle de Dix Lieues Marines de 20 au Degré

1 2 3 4 5 10

Pointe de Nagos
St. Barthelemi
La Coronte
Port Orotava
Realejo
Orotava
La Ramada ou Ramble
Garrachica
le Pic
Morro d'Antequera
Laguna
Pointe des Rochers
Lieu de l'Aiguade
Le grand Fort ou demeure le Gouverneur
Port St. Jean
Bonavista
St. Jacques
Pointe de Teno
Los Silos
Montagne de Rejeda
Candelaria
Guimar
Adessa
Villaflor
Arica
Camisson
Pointe Priete
Galletas

Latitude Septentrionale

Longitude de l'Isle de Fer

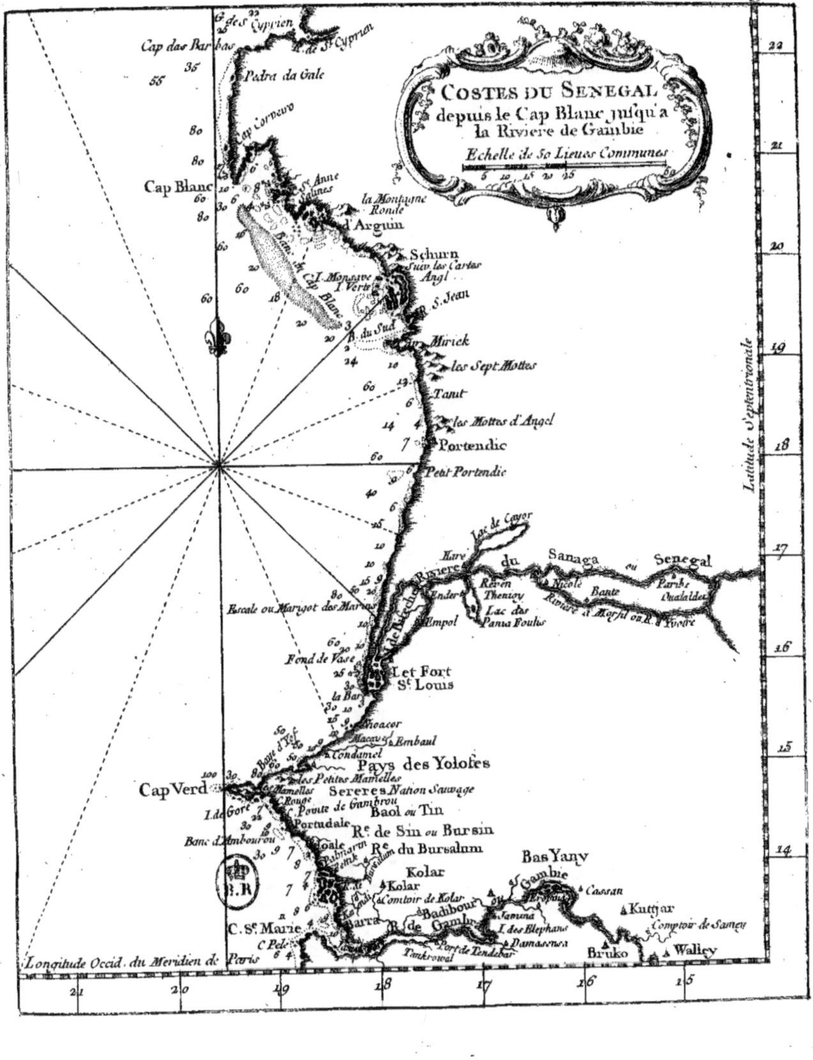

Costes du Senegal depuis le Cap Blanc jusqu'a la Riviere de Gambie

Echelle de 50 Lieues Communes

G. de S.t Cyprien
Cap das Barbas
R. de S.t Cyprien
Pedra da Gale
Cap Corveiro
Cap Blanc
S.te Anne
Salines
la Montagne Ronde
d'Arguin
Schurn
Suiv. les Cartes Angl.
I. Monsave
I. Verte
Banc du Cap Blanc
R. S. Jean
R. du Sud
Miriek
les Sept Mottes
Tant
les Mottes d'Angel
Portendic
Petit Portendic
Lac de Cayor
Riviere du Sanaga ou Senegal
Kare
Reven
Thenioy
Lac des Panna Foulis
Nicolé
Bante
Riviere a Morfil ou R. d'Yvoire
Paribe
Oualalde
Ender
Empol
Escale ou Marigot des Maringo
Fond de Vase
Le Fort S.t Louis
la Barre
Ghoacer
Macaye
Embaul
Baye d'Yof
Condamel
Pays des Yolofes
Cap Verd
les Petites Mamelles
Mamelles
Sereres Nation Sauvage
C. Rouge
C. Pointe de Gambrou
Baol ou Tin
I. de Gore
Portudale
R.e de Sin ou Bursin
Banc d'Ambourou
Joale
R.e du Bursalum
Bas Yany
Kolar
Comptoir de Kolar
Gambie
Cassan
Badibou
Kuttjar
Barra
R. de Gambie
Jamina
I. des Elephans
Comptoir de Samey
Damasensa
Port de Tendebar
Tankrowal
Bruko
Walley
C. S.te Marie
C. Pelé
Latitude Septentrionale
Longitude Occid. du Meridien de Paris

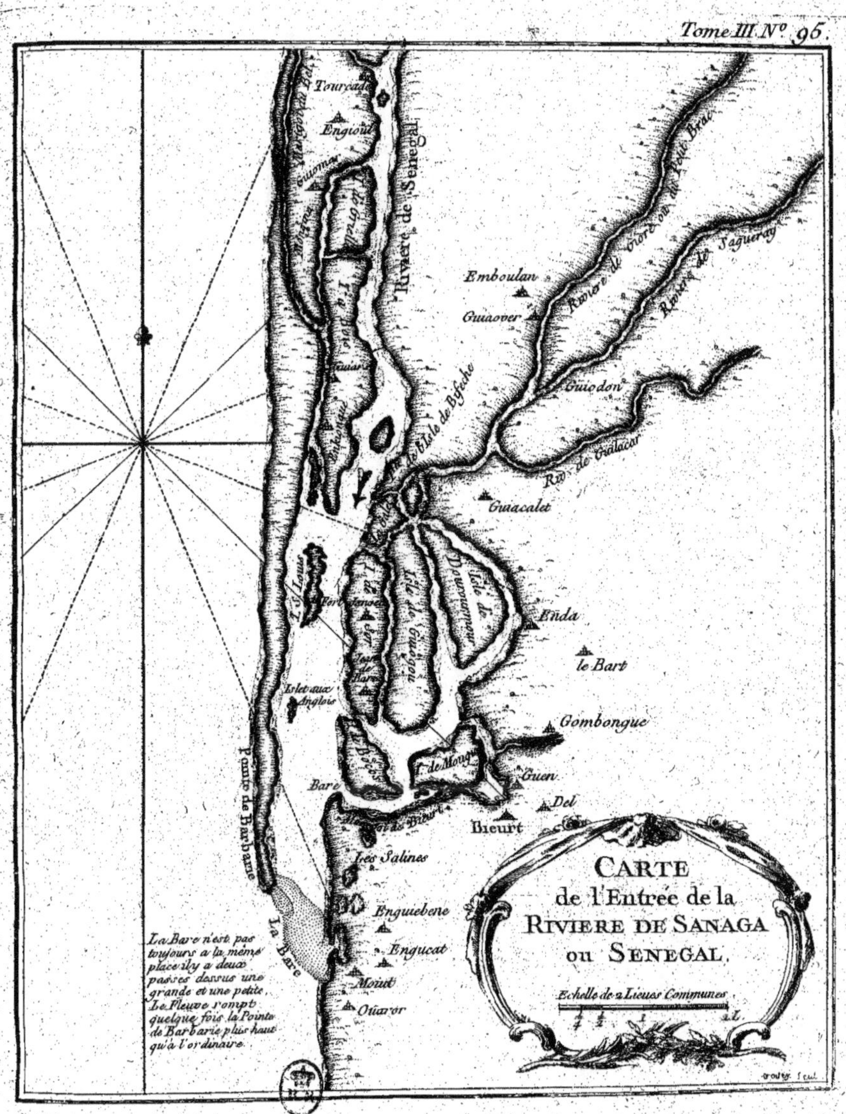
Tome III. N°. 95.
CARTE
de l'Entrée de la
RIVIERE DE SANAGA
ou SENEGAL.
Echelle de 2 Lieues Communes
Riviere de Senegal
Tourcade
Engioul
Emboulan
Guiaover
Guiodon
Guiacalet
Isle de Bifeche
Isle de Doumuraen
Isle de Guiogou
Enda
le Bart
Gombongue
Guen
Del
Bieurt
Bare
Les Salines
Enguiebene
Engucat
Mouit
Ouaror
Islet aux Anglois
I. S. Louis
Pointe de Barbarie
La Bare
La Bare n'est pas toujours a la même place il y a deux passes dessus une grande et une petite. Le Fleuve rompt quelque fois la Pointe de Barbarie plus haut qu'a l'ordinaire.

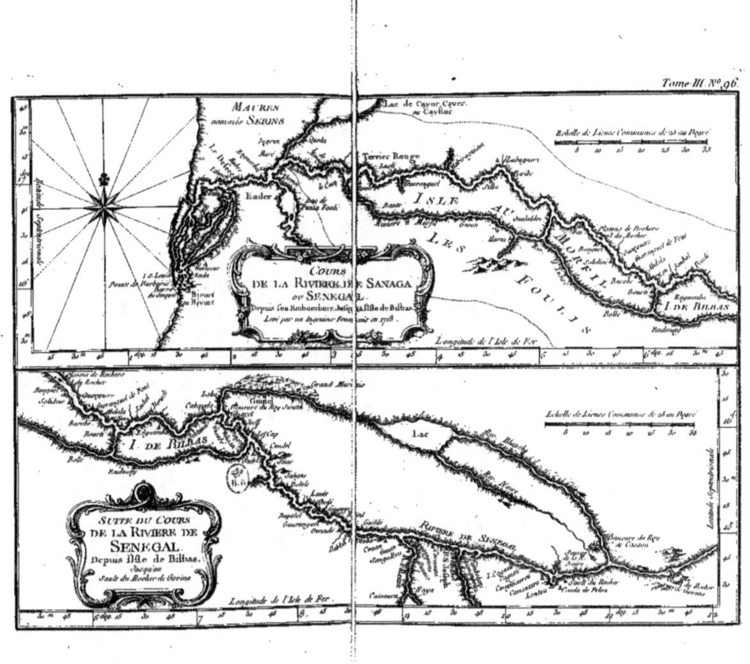
Tome III. N.o 96.
COURS
DE LA RIVIERE DE SANAGA
OU SENEGAL.
Depuis son Embouchure Jusqu'a l'Isle de Bilbas
Levé par un Ingenieur François en 1718.
SUITE DU COURS
DE LA RIVIERE DE
SENEGAL.
Depuis l'Isle de Bilbas,
Jusqu'au
Sault du Rocher de Govina
MAURES
nommés SERINS
Lac de Cayor
ISLE AU MORFIL
LES FOULIS
I. DE BILBAS
Terrier Rouge
Bader
Grand Marais
Lac
RIVIERE DE SENEGAL
Longitude de l'Isle de Fer.
Latitude Septentrionale
Echelle de Lieues Communes de 25 au Degré

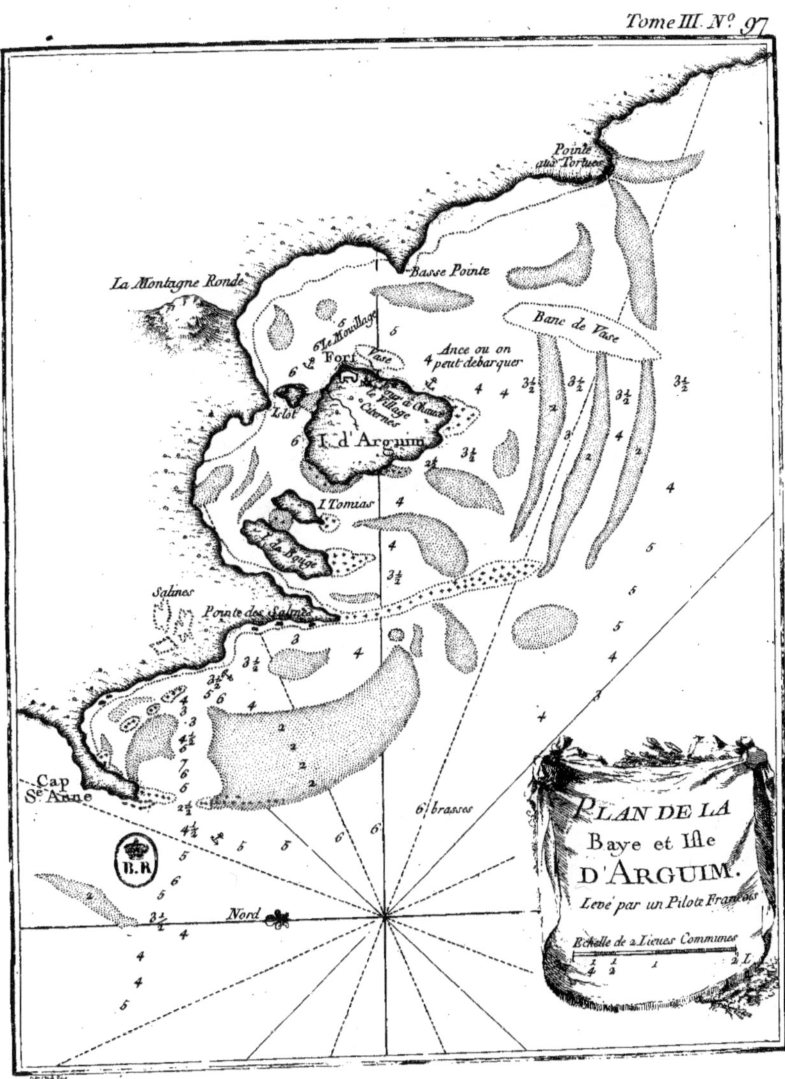
Pointe aux Tortues
Basse Pointe
La Montagne Ronde
Le Mouillage
Fort
Vase
Ance ou on peut debarquer
Banc de Vase
Citernes
L'Islot
I. d'Arguim
I. Tomias
I. de Bouge
Salines
Pointe des Salines
Cap Ste Anne
6 brasses
Nord
B. R
PLAN DE LA Baye et Isle D'ARGUIM.
Levé par un Pilote François
Echelle de 2 Lieues Communes

Tome III. N°. 98

COSTES D'AFRIQUE
depuis
le Cap Verd jusqu'au Cap Verga.
Echelle de Vingtcinq Lieues Communes.
5 10 15 20 25
NOTA
Les Comptoirs que l'on a marqué ici sont tirés de différentes Cartes Etrangeres sans aucune autre certitude.
Baol ou Tin
Lambaye
Yarey
Embamma
Banghisea
Rufisque
Portudale
Rᵉ. de Sin ou Bursin
Roy.ᵉ de Salum ou du Bursalum
Kolar
Comptoir de Kolar
Badibou
Barra
Badibour
Kiawer
Nani-jar
Bas Yani
Yanimareu
Port Cassan
Port de Cassam
Eropina
Yamina
Fanino
Port de Sapo
Sappo
Comptoir de Bruko
Bruko
Damasensa
Jemarrou
Jagra
Katen
Tendebar
Port de Tendebar
Japene
James Fort
Tankrowal
Vintam
Cabata
Malo
Jereja
Sangededon
Felupes
Pasqua
James
Bagnons
Port Portugais
Bintang
Rio de Casamansa
R. de Gambra ou Gambie
Cap Sᵗᵉ Marie
C. Pelé
I. de Gorée
Cap Verd
Cap Manuel
Cap Bernard
Banc d'Ambourou
Banc de Joale
Joale
Palmarin
Fettik
R. de Bursalum
Banc Rouge
Pᵗᵉ Sangomar
I. Betenté
I aux Oiseaux
Combo
R. S. Pierre
R. Sᵗᵉ Anne
I. de Casamansa
Cap Rouge
Bois de Remarque
Riviere de Sᵗ. Domingue
Cacheo
Papels
Farim
Colonie Portugaise
Geba
Tandegu
Colonie Portugaise
Balantes
Banc de Cachao
I. de Jatte
I. de Bussy
Rio des Balantes
Demeure du Gouverneur
I. de Bissaux
Corbali
Biafares
Ghinala
I. Bissague
Rio Grande
Bourbon
la Crasse
Chenal
I. Formose
I. Carache
I. Corbelle
Careque ou I. la Pointe
I. des Perroquets
I. de Bacacha
I. Gallines
I. Avangena
I. des Porcs
Isles des Bissagots
I. Cagara ou Kasnabac
Basses qui assechent
I. Gamber
I. Cavalle
I. de Mel
Basses qui decouvrent
I. Poilon ou Poulavne
Village du Roy
Village Portugais
Cap Verga
Banc de Rochas
Nord
Latitude Septentrionale
Longitude Occidentale de Paris
R.F.

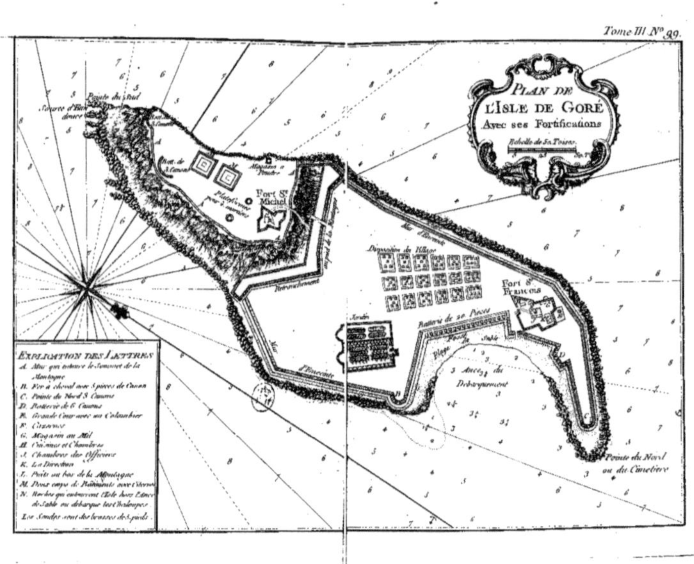
PLAN DE
L'ISLE DE GORÉ
Avec ses Fortifications
Echelle de 50 Toises.
Pointe du Sud
Fort St. Michel
Disposition du Village
Fort St. François
Jardin
Batterie de 20 Pieces
Plage
Anse du Debarquement
Pointe du Nord ou du Cimetiere
EXPLICATION DES LETTRES
A. Mur qui entoure le Sommet de la Montagne
B. Fer à cheval avec 5 pieces de Canon
C. Pointe du Nord 3 Canons
D. Batterie de 6 Canons
E. Grande Cour avec un Colombier
F. Casernes
G. Magasin au Mil
H. Cuisines et Chambres
J. Chambres des Officiers
K. La Direction
L. Puits au bas de la Montagne
M. Deux corps de Bâtiments avec Citernes
de Sable ou debarque les Chaloupes
Les Sondes sont des brasses de 5 pieds .

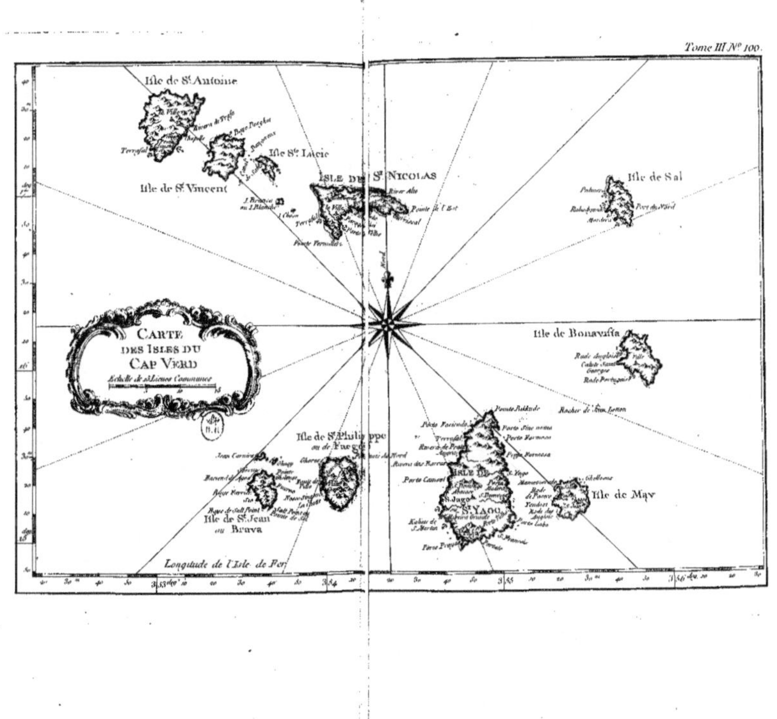
Tome III No. 100.
Isle de St. Antoine
Isle de St. Vincent
Isle Ste. Lucie
ISLE DE St. NICOLAS
Isle de Sal
Isle de Bonavista
CARTE
DES ISLES DU
CAP VERD
Echelle de 15 Lieues Communes
Isle de St. Philippe
ou de Fuego
Isle de St. Jean
ou Brava
ISLE DE
St. YAGO
Isle de May
Longitude de l'Isle de Fer
Terrafal
Pointe de l'Est
Pointe Formoses
Nord
Rade Angloise
Rade Portugaise
Pointe Balkude
Rocher de Sam Leton
Porto Faciendo
Porto Sine nome
Porto Formoso
Porto Cansol
Porto Praya
St. Jago
St. Domingo
Ribeira Grande
St. Francois

Tome III. N° 101.

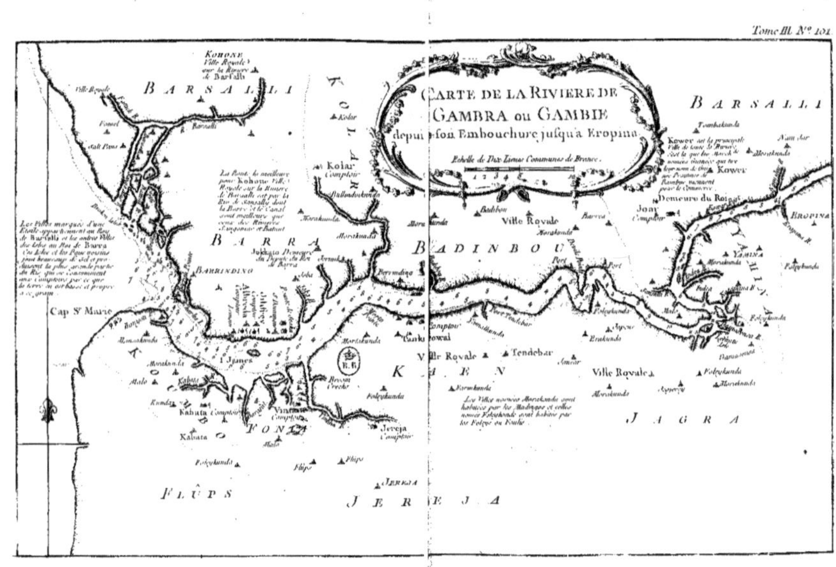

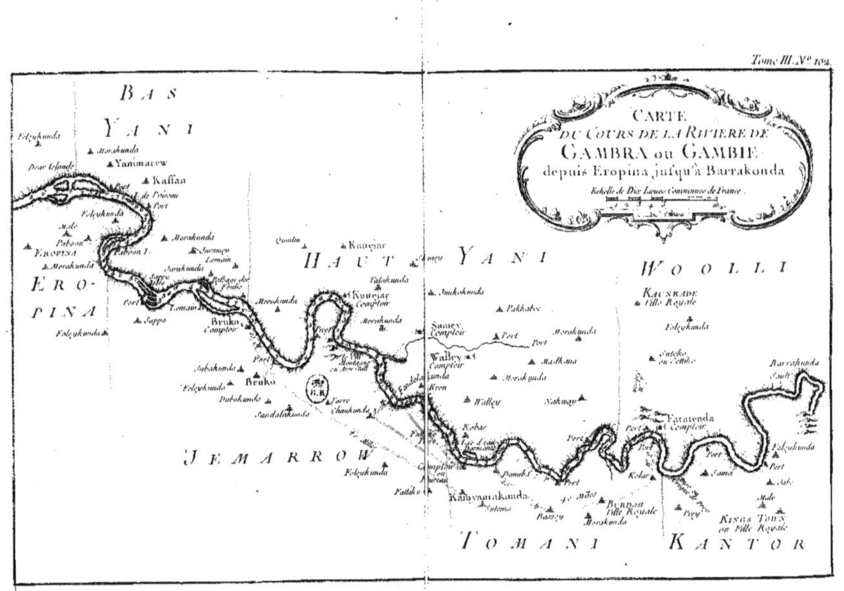
Tome III. N° 104.
CARTE
DU COURS DE LA RIVIERE DE
GAMBRA ou GAMBIE
depuis Eropina jusqu'à Barrakonda
Echelle de Dix Lieues Communes de France.
BAS YANI
Yammarew
Kassan
EROPINA
ERO-PINA
Bruko Comptoir
Bruko
Sappo
HAUT YANI
Kuuejar Comptoir
Samey Comptoir
Walley Comptoir
WOOLLI
Kaunrade Ville Royale
Fatatenda Comptoir
Barrakunda
JEMARROW
Kanyamakunda
TOMANI
KANTOR
Kings Town ou Ville Royale

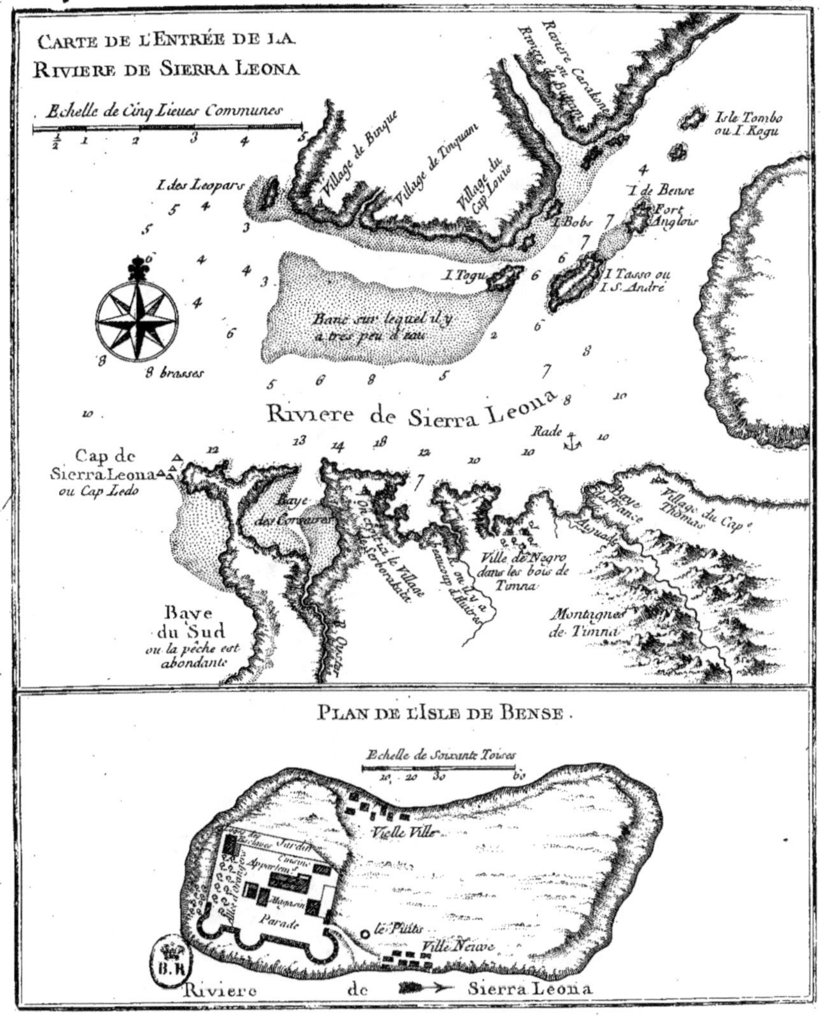

Carte de l'Entrée de la Riviere de Sierra Leona

Echelle de Cinq Lieues Communes

Riviere Caraboml ou Riviere de Bunch

Village de Bunque

Village de Tinquam

Village du Cap Louis

Isle Tombo ou I. Kogu

I. des Leopars

I. de Bense

Fort Anglois

I. Bobs

I. Togu

I. Tasso ou I. S. André

Banc sur lequel il y a tres peu d'eau

8 brasses

Riviere de Sierra Leona

Rade

Cap de Sierra Leona ou Cap Ledo

Baye des Corsaires

Baye de France

Aiguade

Village du Cap Thomas

Ville de Negro dans les bois de Timna

Montagnes de Timna

Baye du Sud ou la pêche est abondante

Plan de l'Isle de Bense.

Echelle de Soixante Toises

Vielle Ville

Jardin

Appartem.ts

Magasin

Parade

le Puits

Ville Neuve

Riviere de Sierra Leona

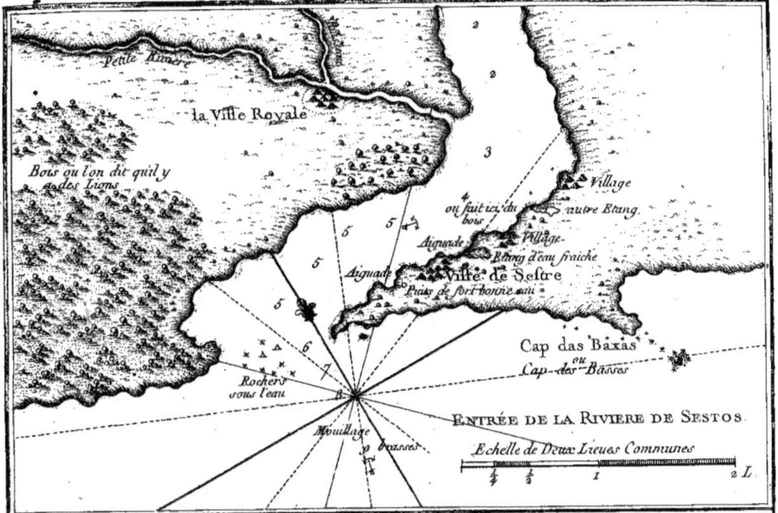

Petite Riviere

la Ville Royale

Bois ou l'on dit qu'il y a des Lions

Village

ou fait ici du bois

autre Etang.

Aiguade

Village

Etang d'eau fraiche

Aiguade

Ville de Sestre

Puits de fort bonne eau

Rochers sous l'eau

Cap das Baxas ou Cap des Basses

Mouillage

9 brasses

ENTRÉE DE LA RIVIERE DE SESTOS.

Echelle de Deux Lieues Communes

¼ ½ 1 2 L.

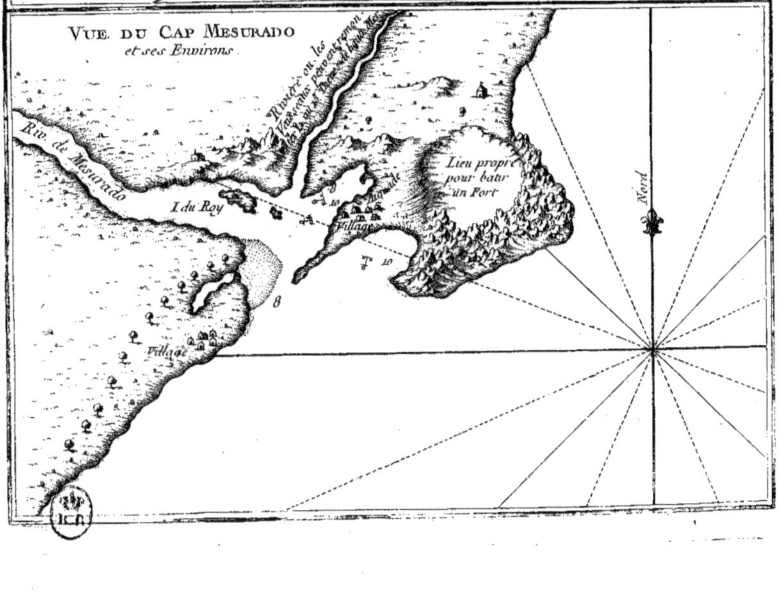

VUE DU CAP MESURADO et ses Environs.

Riviere ou les Vaisseaux peuvent remonter

Riv. de Mesurado

I. du Roy

Aiguade

Village

Lieu propre pour batir un Fort

Nord

Village

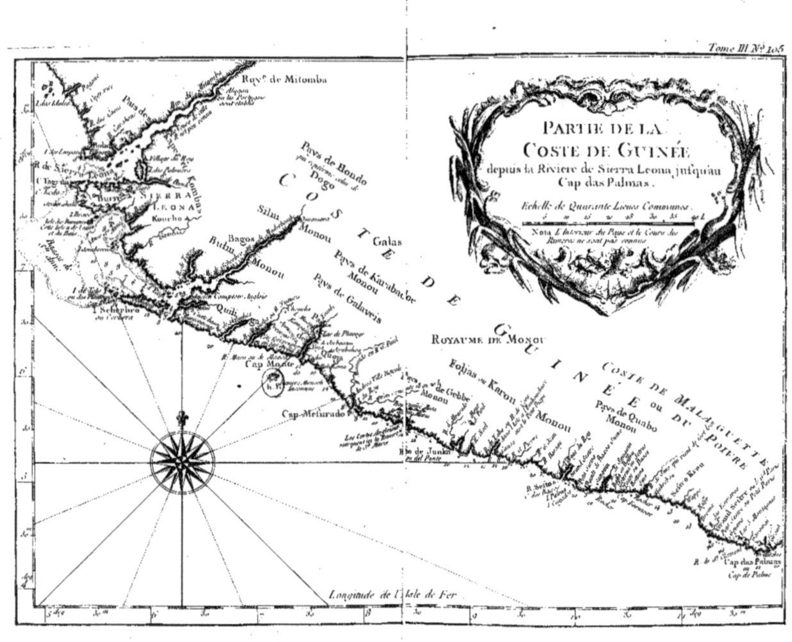
Tome III. No. 105
PARTIE DE LA
COSTE DE GUINÉE
depuis la Riviere de Sierra Leona jusqu'au
Cap das Palmas.
Echelle de Quarante Lieues Communes.
5 10 15 20 25 30 35 40 L.
Nota L'Interieur du Pays et le Cours des Rivieres ne sont pas connus
Roy.e de Mitomba
SIERRA LEONA
COSTE DE GUINÉE
ROYAUME DE MONOU
COSTE DE MALAGUETTE OU DU POIVRE
Pays de Hondo
Dogo
Silm
Monou
Galas
Bagos
Bulm
Pays de Karabadoe
Pays de Galaveris
Pays de Quabo
Folgias ou Karou
Monou
I. Scherbro ou Cerbera
Cap Monte
Cap Mesurado
Cap das Palmas
Longitude de l'Isle de Fer

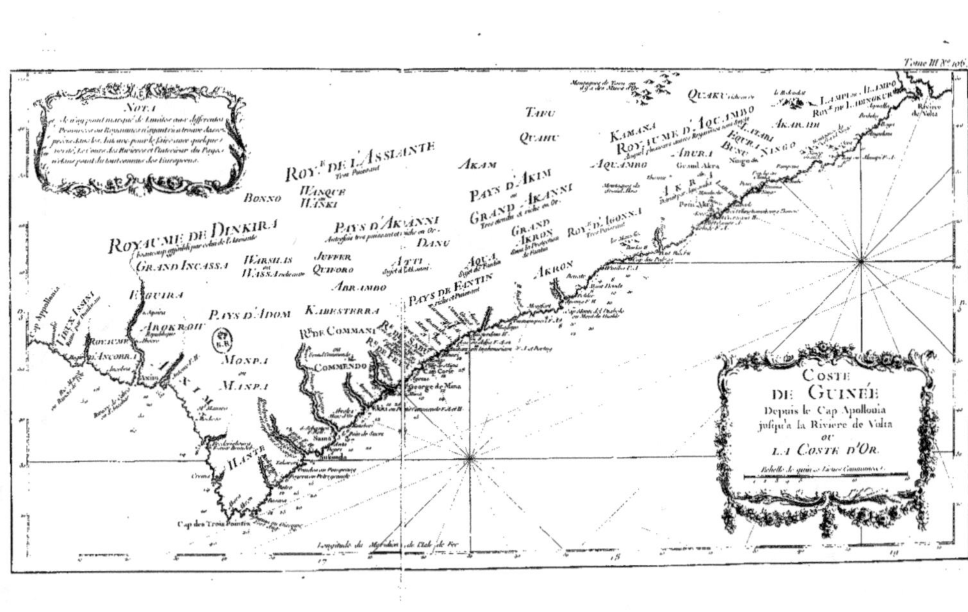
Tome III N° 106.
COSTE
DE GUINÉE
Depuis le Cap Apollonia
jusqu'à la Riviere de Volta
OU
LA COSTE D'OR.
ROYAUME DE DINKIRA
ROY.E DE L'ASSIANTE
Tres Puissant
BONNO
WANQUE
ou
WANKI
PAYS D'AKANNI
DANU
GRAND INCASSA
WARSHAS
JUFFER
QUIFORO
ATTI
AQUA
ABRAMBO
KABESTERRA
PAYS D'ADOM
PAYS DE FANTIN
MONPA
ou
MANPA
COMMENDO
AKRON
TAFU
QUAHU
AKAM
PAYS D'AKIM
GRAND AKANNI
GRAND AKRON
ROY.E D'AGONNA
AQUAMBO
KAMANA
QUAKU
AKARADI
Grand Akra
George de Mina
Cap des Trois Pointes
Riviere de Volta
Longitude du Meridien de l'Isle de Fer

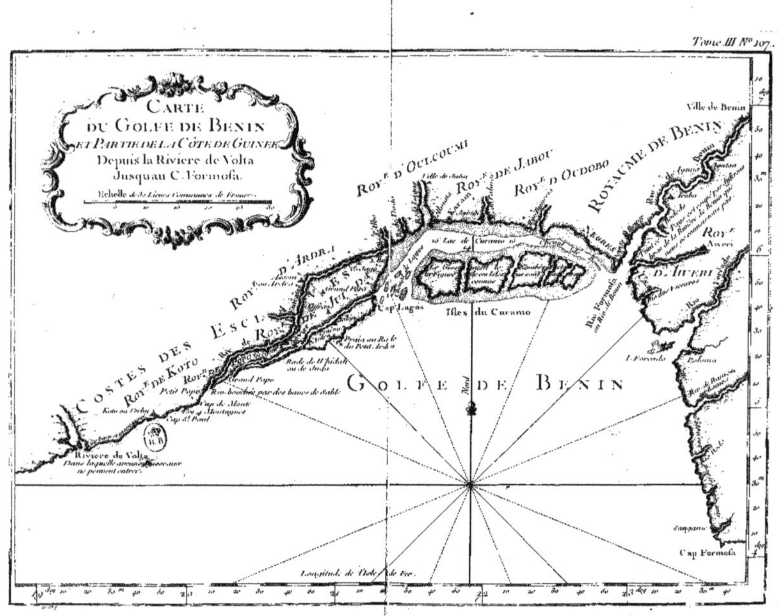
Tome III Nº 107.
Carte du Golfe de Benin et Partie de la Côte de Guinée Depuis la Riviere de Volta Jusqu'au C. Formosa.
Echelle de 30 Lieues Communes de France.
Golfe de Benin
Costes des Esclaves
Roy.e d'Ardra
Roy.e de Koto
Roy.e d'Oulcoumi
Roy.e de Jabou
Roy.e d'Oudobo
Royaume de Benin
Roy.e Aweri
Ville de Benin
Isles du Curamo
Lac de Curamo
Cap Lagos
Grand Popo
Petit Popo
Cap de Monte
Cap St. Paul
Riviere de Volta
Rade de Whidah ou de Juda
I. Forcado
Cap Formosa
Longitude de l'Isle de Fer
Nord

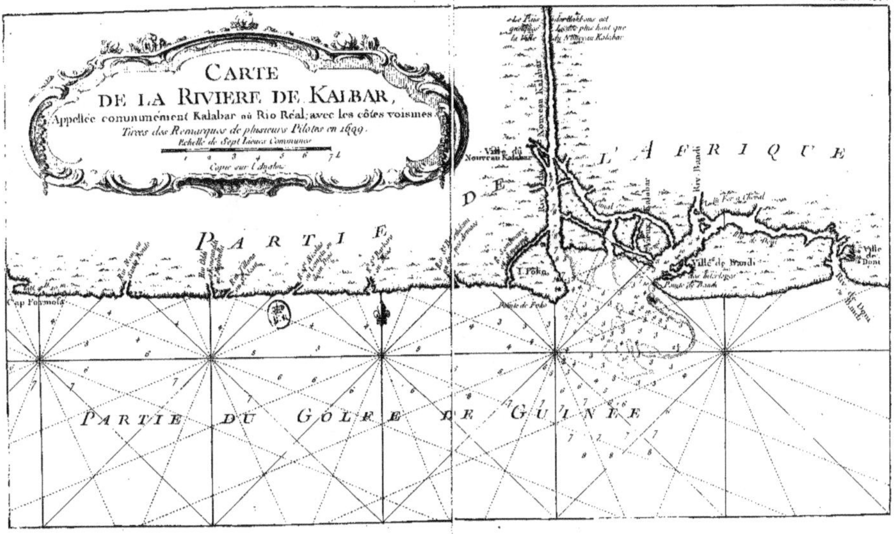
CARTE
DE LA RIVIERE DE KALBAR,
Appellée communément Kalabar ou Rio Réal; avec les côtes voisines.
Tirées des Remarques de plusieurs Pilotes en 1699.
Echelle de Sept Lieues Communes
1 2 3 4 5 6 7 L
Copie sur l'Anglois
PARTIE DE L'AFRIQUE
PARTIE DU GOLFE DE GUINÉE
Cap Formosa
Ville du Nouveau Kalabar
Nouveau Kalabar
I. Foko
Pointe de Foko
Riv. Bandi
Ville de Bandi
Pointe de Bandi
Ville de Doni

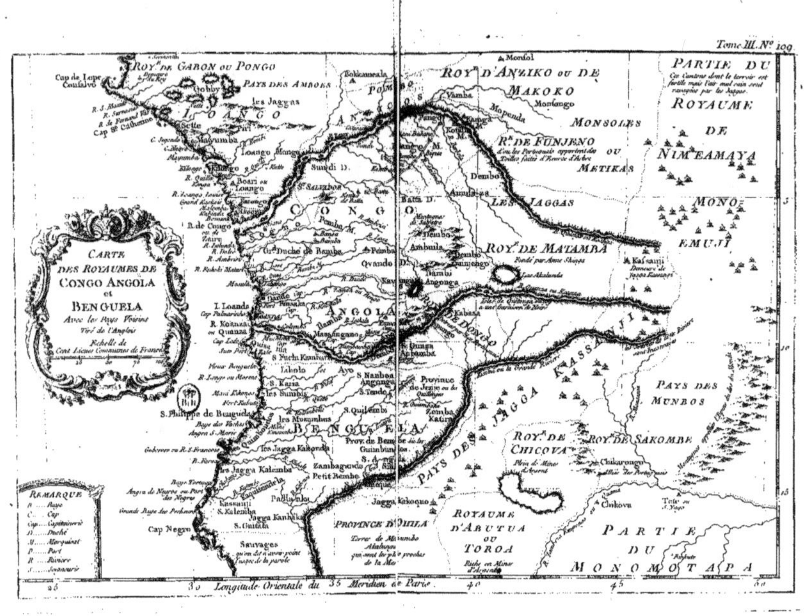
CARTE
DES ROYAUMES DE
CONGO ANGOLA
et
BENGUELA
Avec les Pays Voisins
Tiré de l'Anglois
Echelle de
Cent Lieues Communes de France
25 50 75 100
ROY.ME DE GABON ou PONGO
PAYS DES AMBOES
les Jaggas
LOANGO
CONGO
ANGOLA
BENGUELA
ROY.ME D'ANZIKO ou DE
MAKOKO
MONSOLES
R.ME DE FUNJENO
ou
METIKAS
LES JAGGAS
ROY.ME DE MATAMBA
R.ME DE DONGO
PAYS DES JAGGA KASSANJI
PARTIE DU
ROYAUME
DE
NIMEAMAYA
MONO-
EMUJI
PAYS DES
MUNBOS
ROY.ME DE
CHICOVA
ROY.ME DE SAKOMBE
ROYAUME
D'ABUTUA
OU
TOROA
PARTIE
DU
MONOMOTAPA
PROVINCE D'OHILA
Cap de Lope Consalvo
Cap Negro
S. Philippe de Benguela
S. Salvador
Loango
REMARQUE
Longitude Orientale du Meridien de Paris
25
30
35
40
45
50

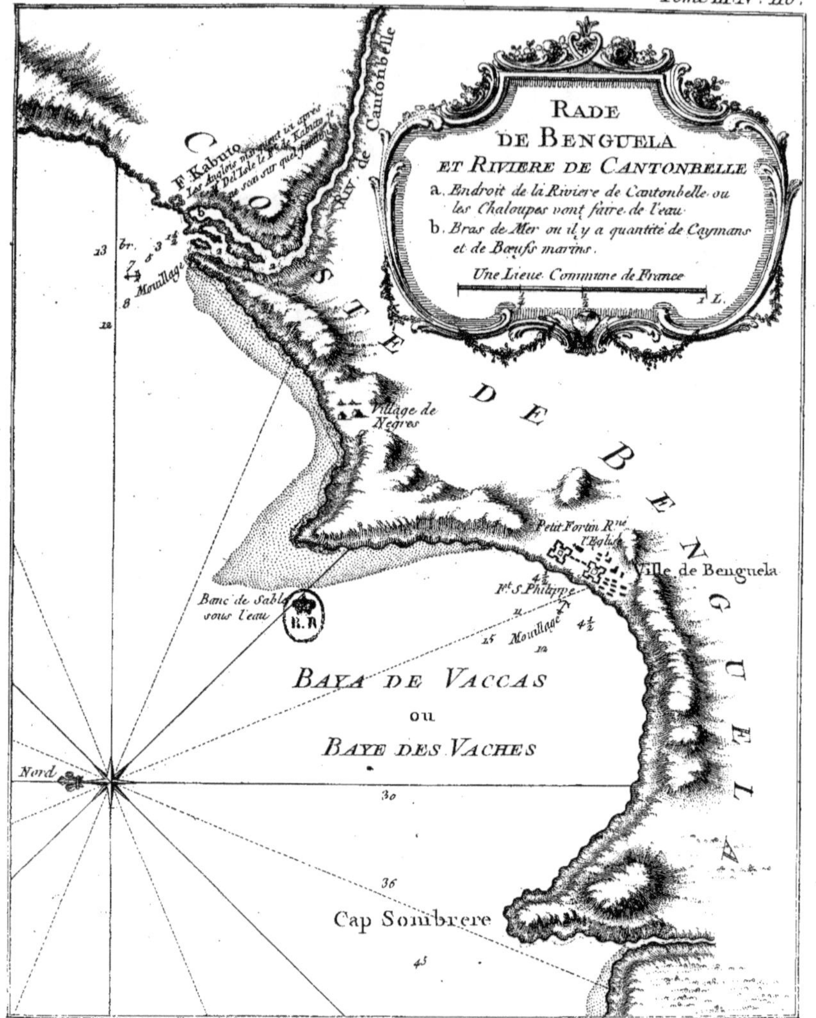
RADE
DE BENGUELA
ET RIVIERE DE CANTONBELLE
a. Endroit de la Riviere de Cantonbelle ou les Chaloupes vont faire de l'eau
b. Bras de Mer ou il y a quantité de Caymans et de Bœufs marins.
Une Lieue Commune de France
1 L.
Riv. de Cantonbelle
F. Kabuto
COSTE DE BENGUELA
Mouillage
Village de Negres
Petit Fortin R.ne
l'Eglise
Ville de Benguela
F.t S. Philippe
Mouillage
Banc de Sable sous l'eau
BAYA DE VACCAS
ou
BAYE DES VACHES
Nord
Cap Sombrere

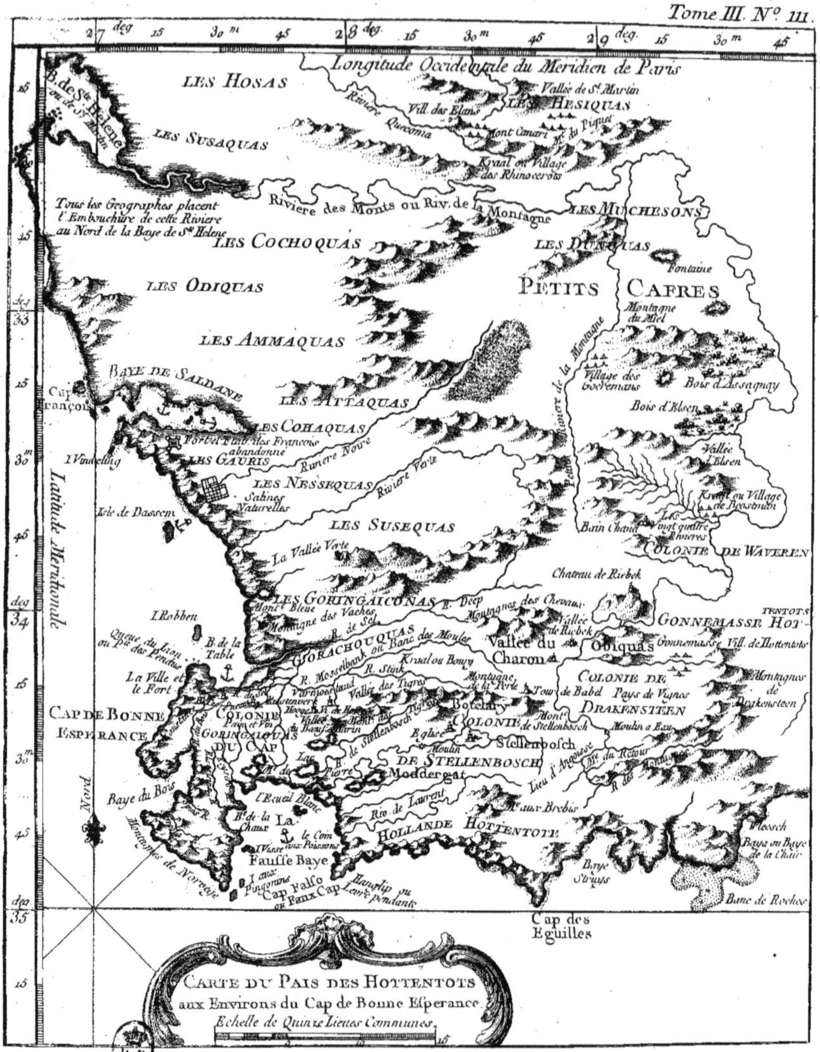

Longitude Occidentale du Meridien de Paris

Latitude Meridionale

CARTE DU PAIS DES HOTTENTOTS
aux Environs du Cap de Bonne Esperance.
Echelle de Quinze Lieues Communes.

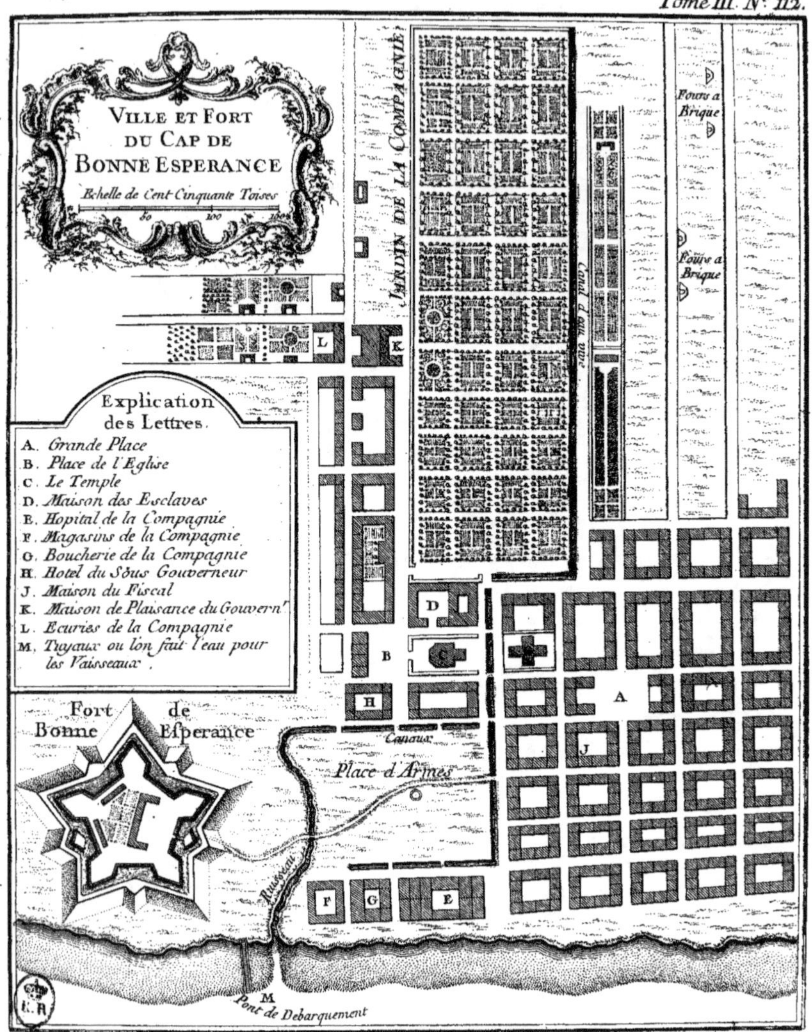

Ville et Fort du Cap de Bonne Esperance
Echelle de Cent Cinquante Toises
50 100
Jardin de la Compagnie
Fours a Brique
Fours a Brique
Canal d'eau vive
Explication des Lettres.
A. Grande Place
B. Place de l'Eglise
C. Le Temple
D. Maison des Esclaves
E. Hopital de la Compagnie
F. Magasins de la Compagnie
G. Boucherie de la Compagnie
H. Hotel du Sous Gouverneur
J. Maison du Fiscal
K. Maison de Plaisance du Gouvern.r
L. Ecuries de la Compagnie
M. Tuyaux ou l'on fait l'eau pour les Vaisseaux.
Fort de Bonne Esperance
Canaux
Place d'Armes
Ruisseau
Pont de Debarquement

Tome III. N.° 113.

CARTE DE LA BAYE DE LA TABLE, ET RADE DU CAP DE BONNE ESPERANCE

Echelle de Quatre Lieues communes.

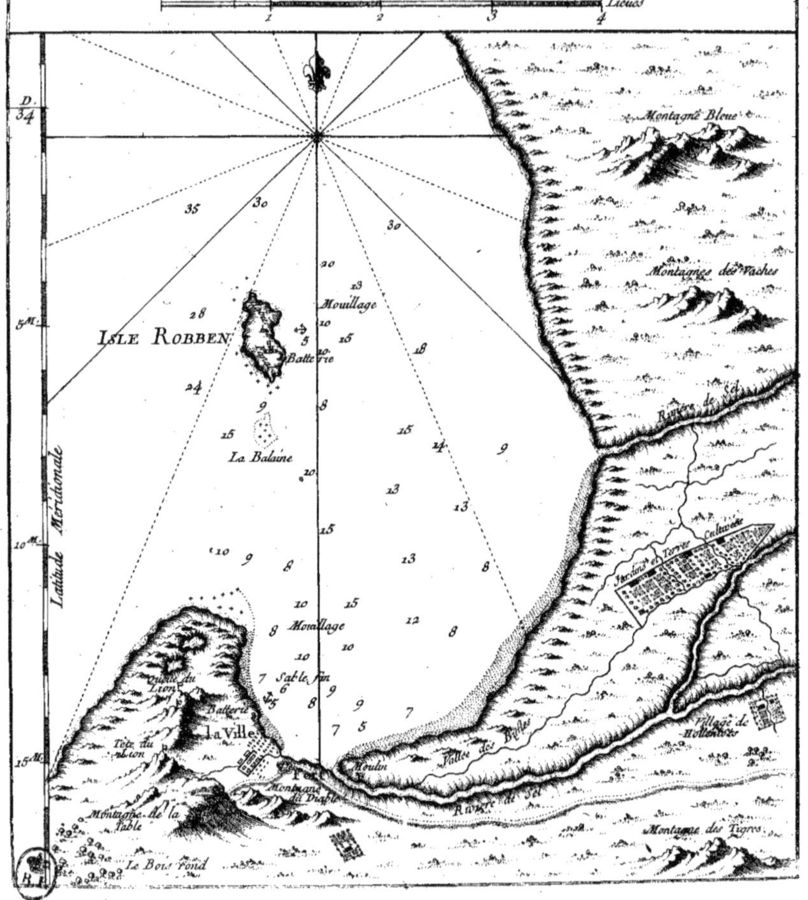

Tome III. N° 114.

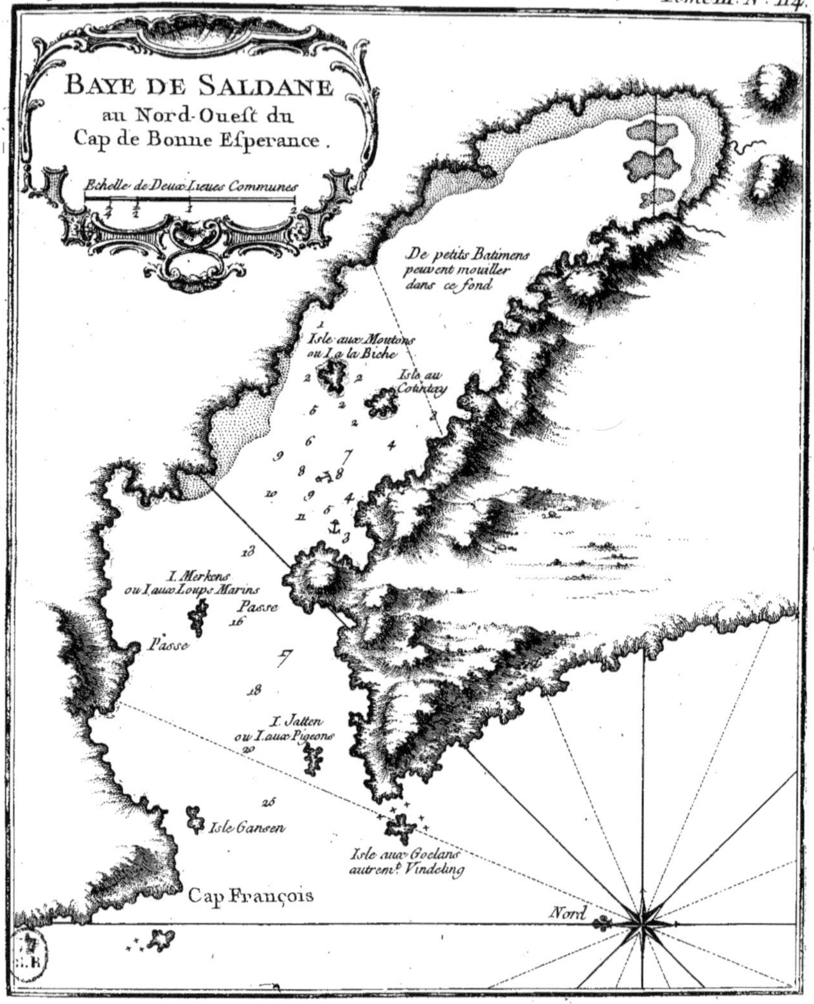
BAYE DE SALDANE
au Nord-Ouest du
Cap de Bonne Esperance.
Echelle de Deux Lieues Communes
De petits Batimens
peuvent mouiller
dans ce fond
Isle aux Moutons
ou I. a la Biche
Isle au
Cointay
I. Merkens
ou I. aux Loups Marins
Passe
Passe
I. Jatten
ou I. aux Pigeons
Isle Gansen
Isle aux Goelans
autrem.t Vindeling
Cap François
Nord

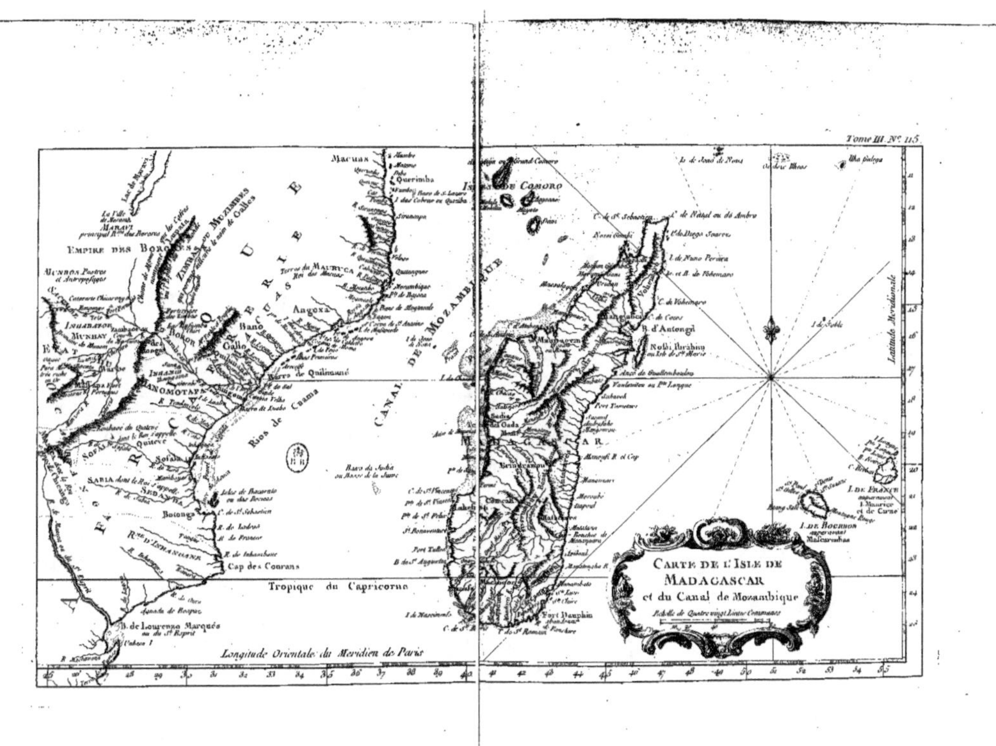
Tome III. No. 115
Carte de l'Isle de
Madagascar
et du Canal de Mozambique
Echelle de Quatre vingt Lieues Communes
Canal de Mozambique
Isles de Comoro
Empire des Borors
Macuas
Querimba
Mozambique
Angoxa
Rios de Cuama
Quiteve
Sofala
Botonga
Sedanda
Cap des Courans
Tropique du Capricorne
B. de Lourenzo Marqués ou du St. Esprit
Longitude Orientale du Meridien de Paris
Latitude Meridionale
B. d'Antongil
Nossi Ibrahim ou Isle de Ste. Marie
Fort Dauphin
I. de France auparavant I. Maurice et de Cerne
I. de Bourbon auparavant Mascarenhas
C. de Natal ou de Ambre
C. de Diego Soarez
C. de St. Sebastien

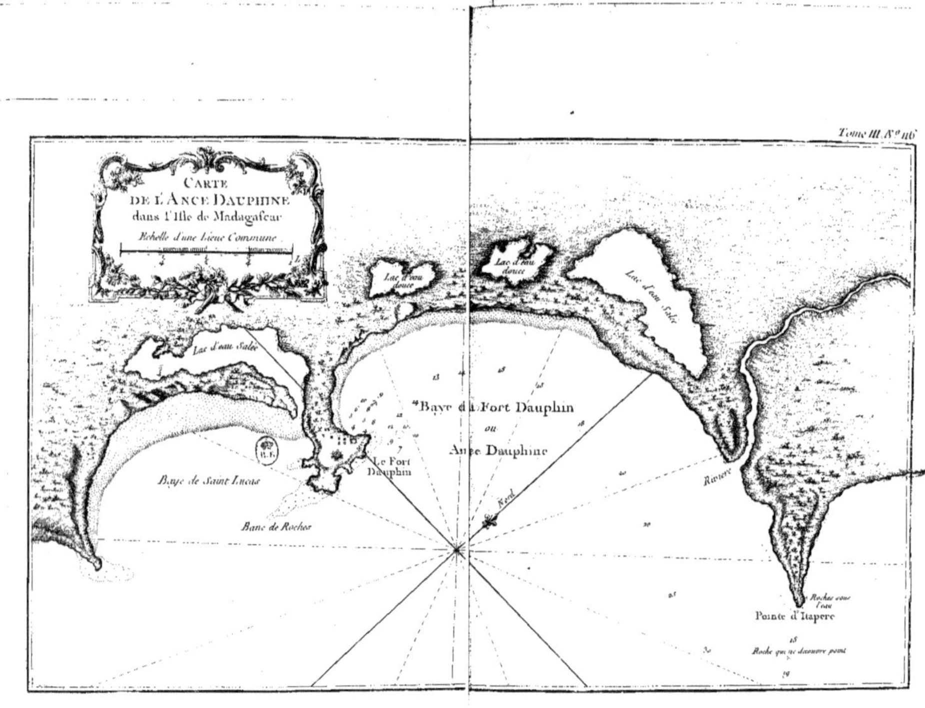

CARTE
DE L'ANCE DAUPHINE
dans l'Isle de Madagascar
Echelle d'une Lieue Commune
Lac d'eau douce
Lac d'eau douce
Lac d'eau Salée
Lac d'eau Salée
Baye du Fort Dauphin
ou
Ance Dauphine
Le Fort Dauphin
Baye de Saint Lucas
Banc de Roches
Nord
Riviere
Roches sous l'eau
Pointe d'Itapere
Roche qui ne découvre point

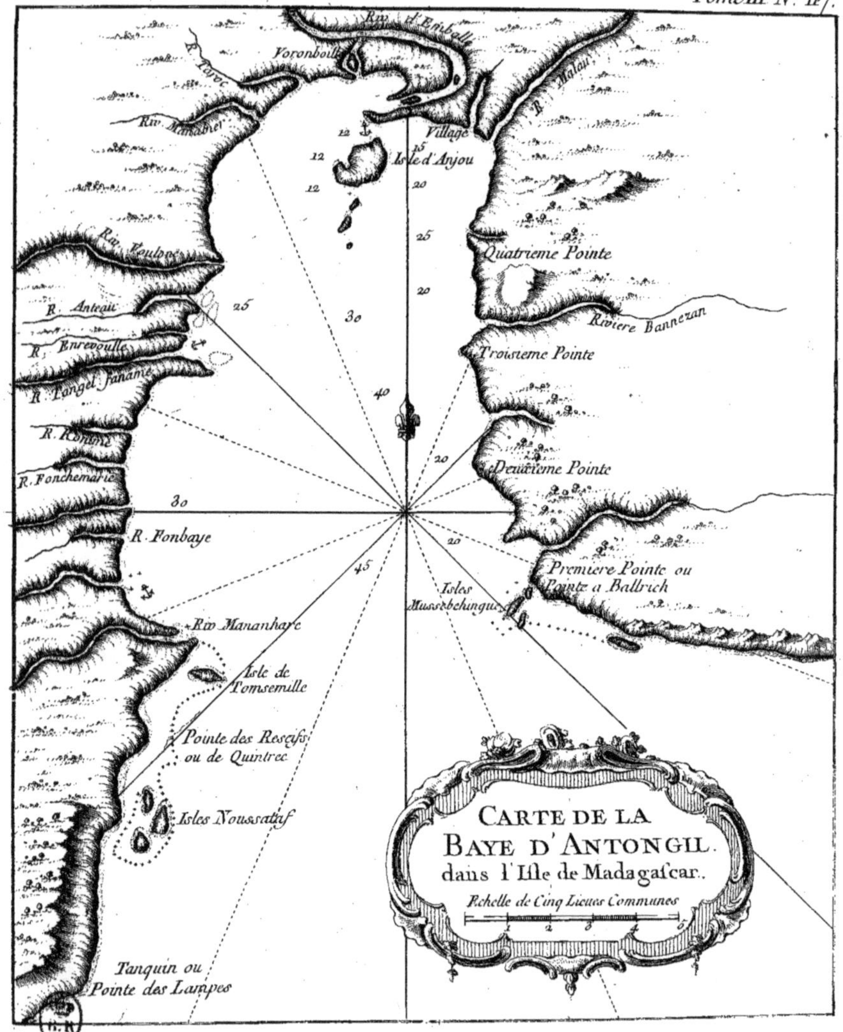
CARTE DE LA
BAYE D'ANTONGIL
dans l'Isle de Madagascar.
Echelle de Cinq Lieues Communes
1
2
3
4
5
Riv. d'Emballe
Voronboille
R. Malau
Village
Isle d'Anjou
Quatrieme Pointe
Riviere Bannezan
Troisieme Pointe
Deuxieme Pointe
Premiere Pointe ou
Pointe a Ballrich
Isles
Mussebehingue
R. Anteau
R. Enrevoulle
R. Tangel Janame
R. Ronime
R. Fonchemarie
R. Fonbaye
Riv. Mananhare
Isle de
Tomsemille
Pointe des Rescifs
ou de Quintrec
Isles Noussataf
Tanquin ou
Pointe des Lampes

Tome III Nº 118.

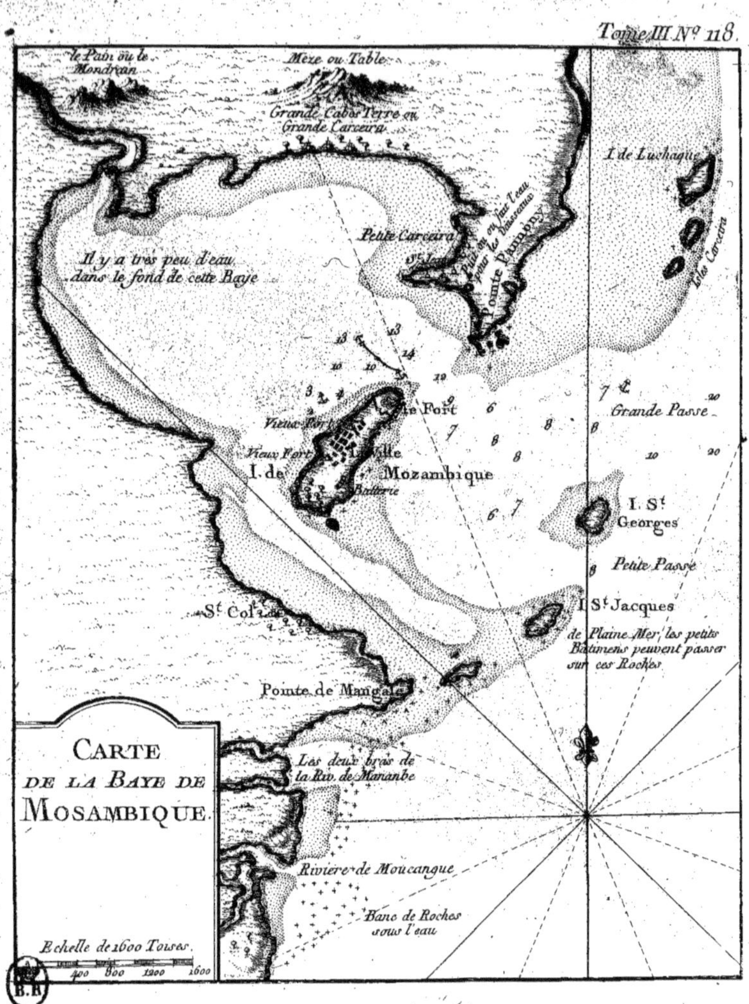

Tome III. N° 119

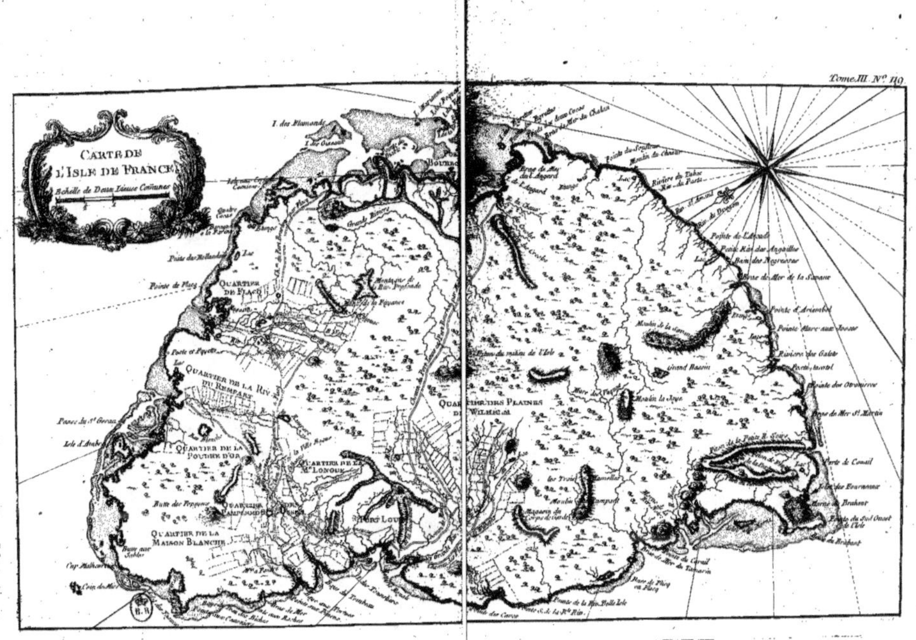

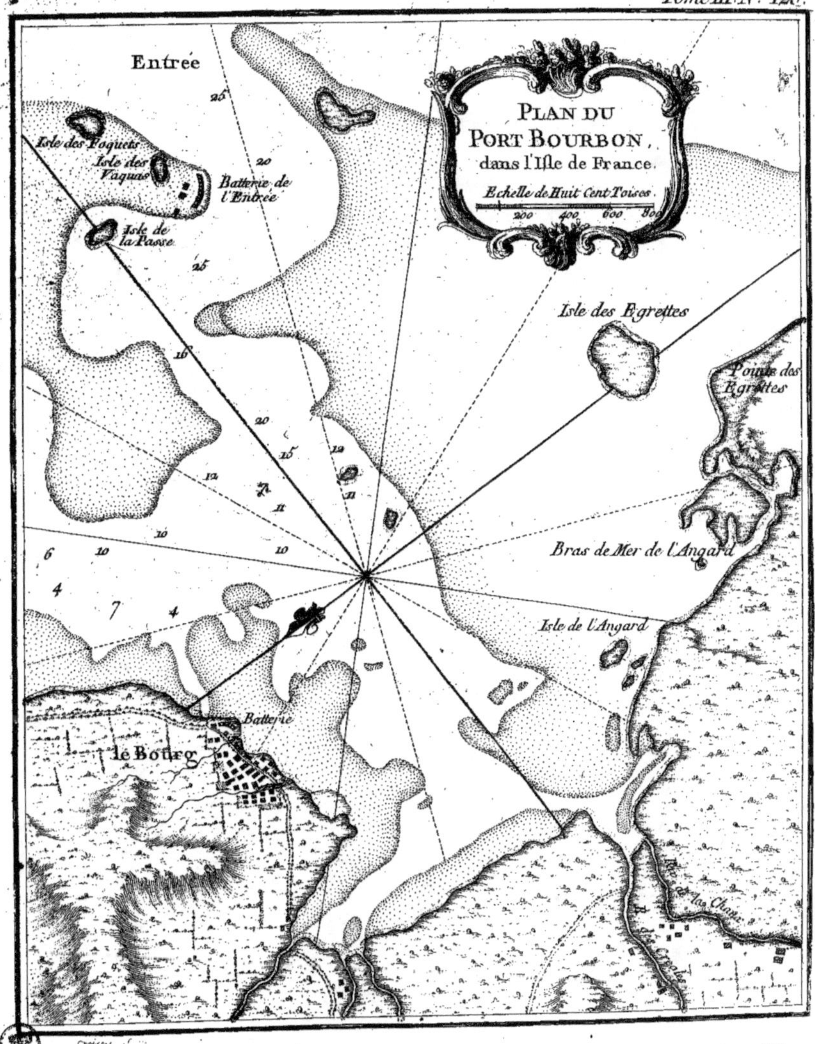
PLAN DU
PORT BOURBON,
dans l'Isle de France.
Echelle de Huit Cent Toises.
200 400 600 800
Entrée
Isle des Foquets
Isle des Vaquas
Batterie de l'Entrée
Isle de la Passe
Isle des Egrettes
Pointe des Egrettes
Bras de Mer de l'Angard
Isle de l'Angard
Batterie
le Bourg

PORT LOUIS
Chemin de Moka
Pont
Batterie Royale
PLAN
DU PORT LOUIS
dans l'Isle de France
Echelle de Huit Cent Toises
200 400 800

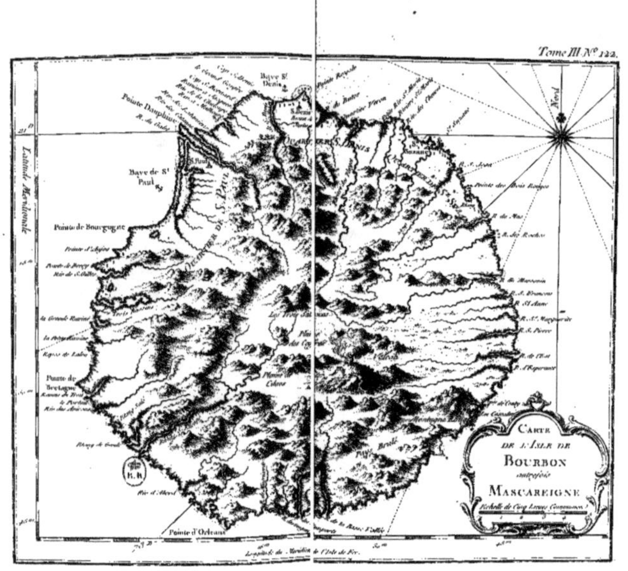
Tome III No 122.
Carte
de l'Isle de
Bourbon
autrefois
Mascareigne
Echelle de Cinq Lieues Communes
Nord
Baye St Denis
Pointe Dauphine
Baye de St Paul
Pointe de Bourgogne
Pointe de Bretagne
Pointe d'Orleans
Latitude Meridionale
Longitude du Meridien de l'Isle de Fer.

12

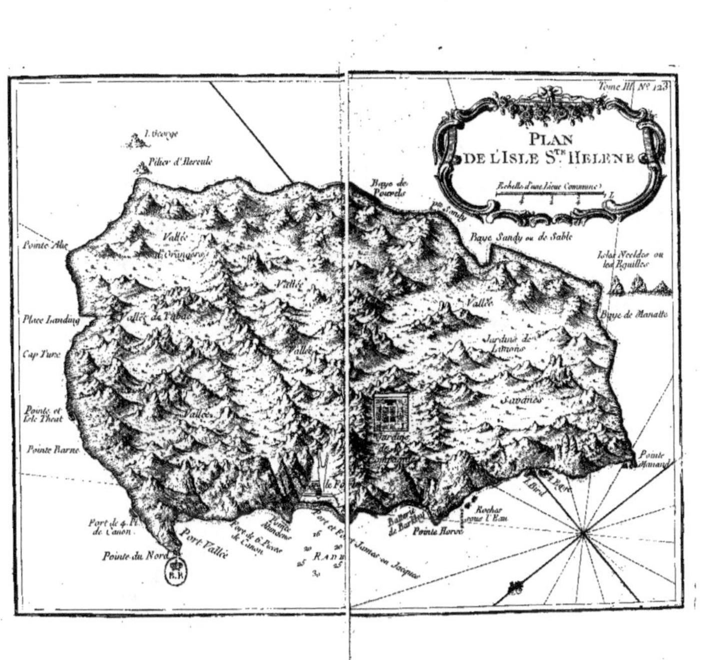
Tome III. Nº 123
PLAN
DE L'ISLE S.TE HELENE
Echelle d'une Lieue Commune
I. George
Pilier d'Hercule
Baye de Pourels
Baye Sandy ou de Sable
Isles Needles ou les Eguilles
Baye de Manatte
Pointe Alie
Vallée d'Orangers
Vallée
Place Landing
Cap Turc
Pointe et Isle Theat
Vallées
Pointe Barne
Jardins de Limons
Savanes
Jardins de la Compagnie
le Fort
Pointe Manand
Rochers sous l'Eau
Pointe Horve
Batterie de Barklett
Port et Fort James ou Jacques
Port de 4 Pi. de Canon
Port de 6 Pieces de Canon
Port Vallée
Pointe du Nord
R.R.
RADE

PLAN
DE LA FORTERESSE ET BOURG, DE LISLE DE S.TE HELENE

A *Ou on Debarque.*
B *Ou on fait l'Eau.*
C *Batteries au bord de la mer.*
D *Leurs Magazins à poudre souterains.*
E *Maison du Gouverneur.*
F *Ou les Anglois mettent une sentinelle pour empecher les Etrangers d'avancer dans l'Isle.*
G *Chemins etroits taillés dans les montagnes pour aller aux habitations.*

La Rade

INVENTAIRE
G 665

www.ingramcontent.com/pod-product-compliance
Lightning Source LLC
LaVergne TN
LVHW020619110826
845149LV00002B/527